CONHECENDO A JUSTIÇA

brasileira

EXPEDIENTE

FUNDAÇÃO GETULIO VARGAS

Primeiro Presidente Fundador
Luiz Simões Lopes

Presidente
Carlos Ivan Simonsen Leal

Vice-Presidentes
Sergio Franklin Quintella, Francisco Oswaldo Neves Dornelles e Marcos Cintra Cavalcante de Albuquerque

CONSELHO DIRETOR

Presidente
Carlos Ivan Simonsen Leal

Vice-Presidentes
Sergio Franklin Quintella, Francisco Oswaldo Neves Dornelles e Marcos Cintra Cavalcante de Albuquerque

Vogais
Armando Klabin, Carlos Alberto Pires de Carvalho e Albuquerque, Ernane Galvêas, José Luiz Miranda, Lindolpho de Carvalho Dias, Marcílio Marques Moreira e Roberto Paulo Cezar de Andrade.

Suplentes
Antonio Monteiro de Castro Filho, Cristiano Buarque Franco Neto, Eduardo Baptista Vianna, Gilberto Duarte Prado, Jacob Palis Júnior, José Ermírio de Moraes Neto e Marcelo José Basílio de Souza Marinho.

CONSELHO CURADOR

Presidente
Carlos Alberto Lenz César Protásio

Vice-Presidente
João Alfredo Dias Lins (Klabin Irmãos e Cia.)

Vogais
Alexandre Koch Torres de Assis, Angélica Moreira da Silva (Federação Brasileira de Bancos), Ary Oswaldo Mattos Filho (EDESP/FGV), Carlos Alberto Lenz César Protásio, Carlos Moacyr Gomes de Almeida, Eduardo M. Krieger, Fernando Pinheiro e Fernando Bomfiglio (Souza Cruz S/A), Heitor Chagas de Oliveira, Jaques Wagner (Estado da Bahia), João Alfredo Dias Lins (Klabin Irmãos e Cia.), Leonardo André Paixão (IRB – Brasil Resseguros S.A.), Luiz Chor (Chozil Engenharia Ltda.), Marcelo Serfaty, Marcio João de Andrade Fortes, Orlando dos Santos Marques (Publicis Brasil Comunicação Ltda.), Pedro Henrique Mariani Bittencourt (Banco BBM S.A.), Raul Calfat (Votorantim Participações S.A.), Ronaldo Mendonça Vilela (Sindicato das Empresas de Seguros Privados, de Capitalização e de Resseguros no Estado do Rio de Janeiro e do Espírito Santo), Sandoval Carneiro Junior (DITV – Depto. Instituto de Tecnologia Vale) e Tarso Genro (Estado do Rio Grande do Sul).

Suplentes
Aldo Floris, José Carlos Schmidt Murta Ribeiro, Luiz Ildefonso Simões Lopes (Brookfield Brasil Ltda.), Luiz Roberto Nascimento Silva, Manoel Fernando Thompson Motta Filho, Roberto Castello Branco (Vale S.A.), Nilson Teixeira (Banco de Investimentos Crédit Suisse S.A.), Olavo Monteiro de Carvalho (Monteiro Aranha Participações S.A.), Patrick de Larragoiti Lucas (Sul América Companhia Nacional de Seguros), Rui Barreto (Café Solúvel Brasília S.A.), Sérgio Lins Andrade (Andrade Gutierrez S.A.) e Victório Carlos de Marchi (AMBEV).

Sede
Praia de Botafogo, 190, Rio de Janeiro – RJ, CEP 22250-900 ou Caixa Postal 62.591, CEP 22257-970, Tel: (21) 3799-5498, www.fgv.br

Instituição de caráter técnico-científico, educativo e filantrópico, criada em 20 de dezembro de 1944 como pessoa jurídica de direito privado, tem por finalidade atuar, de forma ampla, em todas as matérias de caráter científico, com ênfase no campo das ciências sociais: administração, direito e economia, contribuindo para o desenvolvimento econômico-social do país.

FGV PROJETOS

Diretor
Cesar Cunha Campos

Diretor Técnico
Ricardo Simonsen

Diretor de Controle
Antônio Carlos Kfouri Aidar

Diretor de Qualidade
Francisco Eduardo Torres de Sá

Diretor de Mercado
Sidnei Gonzalez

Diretores Adjuntos de Mercado
Carlos Augusto Costa
José Bento Carlos Amaral

EDITORIAL

Editor-Chefe
Sidnei Gonzalez

Orientação técnica
Marcio Guimarães
Milton Fernandes

Edição
Dora Rocha

Colaboração
Ricardo Castro e Couto
José Bento Carlos Amaral
Karin Merz
Guilherme Graça Mello
Daniel Gnatalli

Produção editorial
Manuela Fantinato

Projeto gráfico
Patricia Werner

Diagramação
Hula

Revisão
Aleidis de Beltran
Bruno Fiuza

FGV EDITORA

Diretora executiva
Marieta de Moraes Ferreira

Coordenação editorial
Gabriela Delgado Klam

Produção gráfica
Michele Lima dos Santos

Ficha catalográfica elaborada pela Biblioteca Mario Henrique Simonsen/FGV

Conhecendo a justiça brasileira / FGV Projetos. - Rio de Janeiro : FGV Projetos, 2015.
170 p.

ISBN: 978-85-64878-26-6

1. Justiça – Brasil. 2. Organização judiciária – Brasil. I. FGV Projetos.

CDD – 341.410981

CONHECENDO A JUSTIÇA
brasileira

Prefácio..7

Apresentação..11

Introdução..15
Como Funciona a Justiça no Brasil?

Parte I..25
As Instituições e os Membros da Justiça

Capítulo I..29
As Instituições da Justiça
I. 1. O Poder Judiciário
I. 2. O Ministério Público
I. 3. A Defensoria Pública
I. 4. A Advocacia Pública
I. 5. A Advocacia Privada

Capítulo II...57
Os Membros da Justiça
II. 1. Os Membros do Poder Judiciário
II. 2. Os Membros do Ministério Público
II. 3. Os Membros da Defensoria Pública
II. 4. Os Membros da Advocacia Pública
II. 5. Os Membros da Advocacia Privada

Parte II..73
Os Setores e as Matérias da Justiça

SUMÁRIO

Capítulo III..77

Os Setores da Justiça
III. 1. O Supremo Tribunal Federal (STF)
III. 2. O Superior Tribunal de Justiça (STJ)
III. 3. A Justiça Federal
III. 4. A Justiça Estadual
III. 5. A Justiça do Trabalho
III. 6. A Justiça Eleitoral
III. 7. A Justiça Militar
III. 8. O Ministério Público
III. 9. A Defensoria Pública

Capítulo IV..117

As Matérias da Justiça
IV. 1. O Supremo Tribunal Federal (STF)
IV. 1. 1. Competência Originária do STF
IV. 1. 2. Competência Recursal do STF
IV. 2. O Superior Tribunal de Justiça (STJ)
IV. 2. 1. Competência Originária do STJ
IV. 2. 2. Competência Recursal do STJ
IV. 3. A Justiça Federal
IV. 4. A Justiça Estadual
IV. 5. A Justiça do Trabalho
IV. 6. A Justiça Eleitoral
IV. 7. O Ministério Público
IV. 8. O Conselho Nacional de Justiça
IV. 9. O Conselho Nacional do Ministério Público

Bibliografia..159

Glossário..163

Sumário explicativo...167

PREFÁCIO

Nossa Constituição Federal marca a consolidação da democracia brasileira. A opção do Constituinte de 1988 pelo exercício simultâneo e harmonioso do poder por diversos agentes políticos, em sua complexa tessitura, parece ser o grande responsável pelo equilíbrio institucional pelo qual passamos.

Refira-se não só ao papel singular dos Poderes e das instituições como o Ministério Público, a Advocacia, mas também do cidadão brasileiro, que compreendeu que o caminho para a concretização de seus direitos deve ser o processo democrático. Trata-se, por certo, de fator vital para a formação de uma sociedade aberta e plural.

O exercício da cidadania, símbolo da aliança que mantém a Constituição, deve ser diário e consciente. Justamente nesse aspecto, a presente obra *Conhecendo a Justiça brasileira* afigura-se como importante publicação elaborada pela FGV Projetos. Destinada ao público leigo, explica, de forma clara, em linguagem acessível, a complexa estrutura organizacional do Poder Judiciário de nosso país.

Sem formação jurídica, grande parte da população brasileira acaba por não entender questões essenciais, relevantes para melhor compreender e fiscalizar a concretização do texto constitucional de 1988. "Qual a diferença entre o Superior Tribunal de Justiça e o Supremo Tribunal Federal? Quais as funções de um juiz e de um promotor de justiça, de um desembargador e de um procurador de justiça? Qual a diferença entre um ministro de um Tribunal Superior e o ministro da Justiça?" são alguns dos pontos abordados por este livro.

Ao ampliar o conhecimento sobre a Justiça brasileira, o cidadão não aprende apenas a entender corretamente os seus direitos, a exercê-los e fiscalizá-los. Há outro fator que também aqui se faz relevante, que é o discernimento de que pretensões jurídicas podem, sim, ser solucionadas por outros meios, incentivando-se igualmente a cultura administrativa.

Não tenho dúvida de que, a partir da Carta de 1988, estão presentes aquelas condições que a ciência política enuncia como pressupostos para que seja atingida a democracia plena, dentre as quais ressalto a existência de uma cultura política e de convicções democráticas. A obra *Conhecendo a Justiça brasileira* insere-se nesse contexto como instrumento a certamente contribuir com esse quadro de crescente fortalecimento da cidadania e consequente manutenção do Estado democrático de Direito.

Boa leitura e excelente aprendizado a todos.

Gilmar Mendes
Ministro
Supremo Tribunal Federal

APRESENTAÇÃO

A estrutura da Justiça brasileira é grande e complexa, o que está de acordo com o tamanho e a diversidade do país. No entanto, para os leigos em temas jurídicos, que vão de engenheiros, administradores, médicos, até estudantes ou jovens profissionais das mais variadas áreas, essa estrutura parece, por vezes, de difícil compreensão. Essa é a causa de muitas ações desnecessárias, que terminam por sobrecarregar o sistema judiciário e motivam críticas desmerecidas, além de muitos problemas administrativos para indivíduos e instituições.

A FGV Projetos, unidade de assessoria técnica e pesquisa aplicada da Fundação Getulio Vargas, investe na produção e difusão de conhecimento ligado às áreas de administração, economia e finanças, políticas públicas, arte e cultura, entre outras. Esse esforço é compreendido como complementar aos projetos de assessoria a instituições públicas e empresariais, estando alinhado com a missão da FGV de contribuir com o desenvolvimento socioeconômico e institucional do Brasil.

Conhecendo a Justiça brasileira é o primeiro livro de uma série dedicada às instituições do país, cujo objetivo é tornar acessível a estrutura do poder público em seus diversos setores. Compreender o funcionamento da Justiça é fundamental não apenas para a garantia de direitos e o cumprimento de leis, mas para que o exercício da cidadania, priorizado pela Constituição de 1988, seja efetivo, e a democracia seja realizada em sua plenitude. Informação e conhecimento são condição para o crescimento sustentável tanto da economia quanto da sociedade, empoderando indivíduos e fortalecendo instituições.

Esperamos que a publicação deste livro estimule iniciativas semelhantes de aproximação do cidadão ao Estado, beneficiando, assim, toda a sociedade. A opção por uma linguagem clara e simples foi acompanhada por uma extensa pesquisa da qual participaram desembargadores, advogados e procuradores, de forma a conciliar rigor conceitual e as várias visões sobre a Justiça, mantendo a preocupação de que oferecer informação fácil e de qualidade a qualquer interessado em compreender a engrenagem e a estrutura do setor.

Boa leitura!

Cesar Cunha Campos
Diretor
FGV Projetos

INTRODUÇÃO

COMO FUNCIONA A JUSTIÇA NO BRASIL?

Esta é a pergunta que este livro se propõe responder. A resposta deverá ser simples, a fim de que qualquer leitor a entenda, apesar da complexidade do tema. Será assim deixada de lado a questão "Filosofia, Direito e Justiça", e a atenção se voltará para a prática do dia a dia, com exemplos que facilitem a compreensão do cidadão não formado em Ciências Jurídicas.

A Justiça sempre se realiza com a aplicação da lei ao caso concreto. Quando alguém faz algo ou deixa de fazê-lo, deve pautar seu comportamento em razão da lei. A emissão de um cheque, por exemplo, obriga o emitente a ter a quantia correspondente em dinheiro na conta-corrente do banco para que o título possa ser pago, ou seja, o cheque deve ter fundos. Esse é o comando legal. Mas caso o cheque seja devolvido por insuficiência de fundos, o credor poderá recorrer à Justiça para que o devedor seja forçado a pagar o que deve. Em outra hipótese, um locatário que não paga o aluguel na data indicada no contrato será obrigado a fazê-lo pelo juiz, correndo o risco de ser despejado (desalojado) do imóvel. Nas duas hipóteses a lei prevê o comportamento legal a ser obedecido que, quando descumprido, será corrigido pelo Poder Judiciário. Essa é a base da Justiça: fazer cumprir o que é justo para cada cidadão, por determinação judicial.

Para que a Justiça se realize, portanto, é necessário antes de mais nada que exista a lei. As leis são elaboradas pelas chamadas casas legislativas, compostas por representantes eleitos pelo povo. São elas, no Brasil, no âmbito nacional, o Senado Federal e a Câmara dos Deputados; nos estados, as Assembleias Legislativas; nos municípios, as Câmaras de Vereadores. Se os senadores, deputados federais, deputados estaduais e vereadores eleitos pelos cidadãos representam a vontade popular, o mesmo se pode dizer das leis que eles elaboram. Elas refletem a vontade dos cidadãos eleitores.

Uma vez estabelecidas as leis, cabe aos juízes aplicá-las quando surgem situações concretas levadas ao seu conhecimento. O cidadão, em regra, não pode requerer a solução de um problema diretamente ao juiz, devendo se valer de advogados, promotores de justiça, defensores públicos. Assim, quando ocorre uma batida de carro, a vítima procura seu advogado, que se dirige ao juiz pedindo que a lei seja aplicada, e finalmente é proferida a sentença determinando que o causador do acidente repare e indenize a vítima, pagando todas as despesas do conserto do carro, eventuais despesas hospitalares ou gastos decorrentes de outros danos. É claro que o causador do acidente pode pagar voluntariamente a indenização cabível sem a intervenção do juiz , não sendo necessária a atuação da Justiça.

Assim, quando as regras (lei) não forem voluntariamente obedecidas pelas pessoas, caberá à Justiça fazê-lo, por intermédio do denominado Poder Judiciário. O século XVIII marcou o advento da sociedade moderna, com a introdução de alguns valores políticos e sociais que *grosso modo* nos acompanham até hoje. Até então os monarcas reinavam soberanos sobre terras e súditos. Alienados do sistema de poderes, mas responsáveis por mantê-lo economicamente, os burgueses, a partir de então, passaram a exigir uma participação política mais efetiva. Foram as revoluções burguesas, ou liberais, que inauguraram a luta pelos chamados direitos individuais, expressos na Declaração Universal dos Direitos do Homem e do Cidadão, de 1789, que introduziu o próprio conceito de cidadão. Tais direitos representariam uma forte limitação do poder do Estado em prol do respeito às liberdades individuais.

Um dos mais influentes fundamentos dessa limitação foi a chamada teoria da separação dos poderes, elaborada pelo pensador francês Montesquieu (1689-1755), que aprimorou a visão grega de Aristóteles, e de outros pensadores como Bodin e Locke, adequando-a a uma realidade. A ideia principal era a de que "todo poder concentrado tende à tirania". De fato, no Antigo Regime, a criação das leis e sua aplicação, assim como a resolução de conflitos, cabiam unicamente ao rei. A existência de um Poder Legislativo, um Poder Executivo e um Poder Judiciário permitiria que essas funções fossem distribuídas, contribuindo assim para que não houvesse julgamento por parte do Rei. Ainda segundo a teoria de Montesquieu, com a separação de poderes haveria a possibilidade de um poder exercer controle sobre o outro – era o chamado sistema de "freios e contrapesos", que até hoje é utilizado. Controlando-se reciprocamente, os poderes tripartidos limitar-se-iam a si mesmos, exercendo suas funções de forma mais condizente com a democracia.

A separação dos poderes foi adotada já em 1787 pela Constituição dos Estados Unidos da América, disseminando-se em seguida por todo o Ocidente. A partir de então, o Poder Legislativo elaboraria as leis genéricas e abstratas, aplicáveis a todos; o Poder Executivo aplicaria essas leis ao cotidiano da sociedade, decidindo como e onde fazê-lo; e o Poder Judiciário solucionaria conflitos entre indivíduos, fazendo incidir a lei sobre o caso concreto. A teoria de Montesquieu foi reconhecida como um dos pilares essenciais da democracia, e a própria democracia, como um direito fundamental. Nascia assim um novo modelo de organização: o Estado de Direito, elemento básico do sistema de Justiça.

Mesmo no Estado de Direito, contudo, os poderes Executivo e Legislativo ganharam maior destaque que o Judiciário: eram as forças políticas propriamente ditas, com poder de elaborar leis ou pôr em prática políticas públicas. Já o Judiciário era um poder de natureza técnica: sua função era "dizer a lei", agindo sempre nos limites da legalidade, isto é, respeitando a própria lei. Em meados do século XX, os regimes totalitários vieram demonstrar que a mera legalidade não era suficiente para que o Estado garantisse uma condição humana digna. A Alemanha nazista era um Estado de Direito, cujos juízes, políticos e agentes públicos obedeciam rigorosamente ao ordenamento jurídico. No entanto, esse mesmo Estado de Direito que respeitava as leis cometeu atrocidades que marcaram a história da humanidade.

Apesar dos deslizes causados pelos homens, falíveis por natureza, a tripartição de poderes permaneceu um modelo importante de organização política. Mas com o correr do tempo foi preciso redobrar a atenção. Hoje, o Estado deve garantir direitos a seus habitantes, tratando-os como cidadãos, participantes ativos da vida em sociedade e das decisões que influenciam a vida de todos. Suas funções são, portanto, muito mais complexas do que aquelas idealizadas por Montesquieu, não se limitando a elaborar leis, aplicá-las e decidir conflitos. É preciso prever o controle sobre a atuação do próprio Estado, sempre permitindo a participação da sociedade.

O fato é que ao longo do tempo as relações sociais ganharam uma complexidade tal que passaram a não mais se enquadrar somente no que dispunha a lei. A globalização possibilitou o acesso a produtos, serviços e experiências antes inimagináveis. A internet proporciona conhecimento e comunicação, diminuindo distâncias. As relações globais se intensificaram de tal modo, nos aspectos econômico, social, cultural, ambiental e outros, que até mesmo os limites e o conceito de Estado são hoje questionados. Se historicamente o Estado é conceituado como uma organização política, jurídica e social com território definido e população delimitada, tendo o atributo da soberania reconhecido por outros Estados, com a globalização esse conceito vem sendo repensado.

Como é sabido, as diretrizes fundamentais da organização de um Estado, assim como os direitos dos cidadãos, são registrados em um documento formal chamado Constituição. A Constituição é a lei maior de um país, que define as funções essenciais dos poderes mencionados. Algumas vezes, porém, há conflitos de direitos, que precisam ser solucionados.

O aumento da complexidade da sociedade e a complexificação (ou ampliação do alcance) da própria teoria de Montesquieu atraíram as atenções para o Poder Judiciário. A sociedade evoluiu e passou a solicitar uma prestação rápida e eficaz de serviços por parte do Estado. O Legislativo havia feito seu papel, mas o descompasso entre o texto constitucional e a realidade não poderia ser solucionado tão rapidamente pelo Executivo. Em pouco tempo essa discrepância desaguou nas mesas dos tribunais.

Dessa forma, a chamada função jurisdicional (função de julgar) ganhou enorme importância na efetivação de direitos. Já não basta simplesmente aplicar a lei ao caso concreto: o juiz tem em suas mãos valores fundamentais, todos merecedores de concretização, mas que às vezes estão em contradição uns com os outros. Um exemplo desse conflito é a pesquisa com células-tronco embrionárias, questão levada ao Judiciário que vai muito além do mundo jurídico, envolvendo o direito à vida e à saúde, além de questões filosóficas, religiosas e científicas.

A par da intensa mudança no conteúdo da função de julgar, deve-se ter em mente a seguinte assertiva: uma Justiça tardia é uma injustiça. Em outros termos, prestar Justiça com qualidade, como o atual estágio da sociedade requer, inclui prestá-la a tempo de ver os direitos corretamente protegidos.

Em 2004, o Estado brasileiro, percebendo a necessidade de dar um caráter prático à função jurisdicional, elaborou a chamada Reforma do Judiciário, acrescentando à Constituição Federal, promulgada em 1988, a Emenda Constitucional nº 45. Os artigos adicionados ao texto constitucional foram um marco dessa mudança de paradigma da atividade do Poder Judiciário, tendo como uma de suas principais diretrizes a celeridade processual.

A autonomia do Poder Judiciário foi ampliada, e com isso foram também ampliados os mecanismos de proteção judicial, influenciando inclusive a organização do modelo judiciário. A "duração razoável do processo" estabelecida na Constituição foi erigida, pela Emenda nº 45, à condição de direito fundamental. Assim também, a Emenda nº 45 criou o Conselho Nacional de Justiça (CNJ), órgão de fiscalização administrativa com a atribuição, entre outras, de estipular metas de produtividade para todos os tribunais do país, além de fiscalizar a "realização da Justiça" nos processos judiciais. A preocupação com a prestação de uma Justiça rápida e eficiente está na diretriz da reforma, expressa na Constituição por seus novos dispositivos.

A sociedade contemporânea é dinâmica e bem-informada. Usa a internet não apenas como instrumento de conhecimento, mas como meio de mobilização. É também cosmopolita, pois se locomove mais e reúne experiências de outras realidades, aproximando especificidades culturais de outros países. Todo esse acúmulo de complexidade provocou mudanças na forma buscada para se realizar a Justiça.

É assim inegável, nos dias de hoje, o papel da sociedade civil, que pressiona os detentores de poder e influencia na tomada de decisões através da opinião pública. No Brasil, isso pôde ser visto no caso do "mensalão", a Ação Penal 470 julgada pelo Supremo Tribunal Federal. A comunidade internacional também se sensibilizou e agiu quando uma mulher foi condenada ao apedrejamento no Irã, e acompanhou as revoltas no mundo árabe. A globalização chegou a tal ponto que pessoas do mundo inteiro se mobilizam quando se deparam com o que consideram uma injustiça. No Brasil, com um sistema estruturado e internacionalmente reconhecido, as pessoas vão à Justiça para fazer valer seu direito à saúde, à dignidade, à moradia. E o Judiciário ganha credibilidade nesse processo, sendo reconhecido como um importante instrumento do Estado para a efetivação de direitos.

A estrutura organizacional da Justiça brasileira é hoje composta pelos órgãos e membros do Poder Judiciário e por instituições com funções essenciais à Justiça, todos elencados no próprio texto constitucional. Cabem-lhes os poderes de julgar, de administrar a Justiça e de zelar pelo cumprimento da Constituição e das leis do país. Diferentes órgãos encontram-se espalhados pelo território nacional, procurando se aproximar cada vez mais das necessidades da população e garantir seu acesso à Justiça. Entretanto, a estrutura da Justiça é complexa e ainda pouco conhecida da população, o que deixa mesmo os mais cultos, mas que não têm formação jurídica, sem entender alguns pontos: qual a diferença entre o Superior Tribunal de Justiça e o Supremo Tribunal Federal? Quais as funções de um juiz e de um promotor de justiça, de um desembargador e de um procurador de justiça? Qual a diferença entre um ministro de um Tribunal Superior e o ministro da Justiça?

Ao mapear as instituições de forma clara e objetiva, sem detalhar divergências doutrinárias ou jurisprudenciais, e situar seus membros, explicitando quem é quem e o que cada um faz, este livro auxiliará o leitor na compreensão do funcionamento da Justiça no Brasil.

ORGANOGRAMA DA JUSTIÇA BRASILEIRA

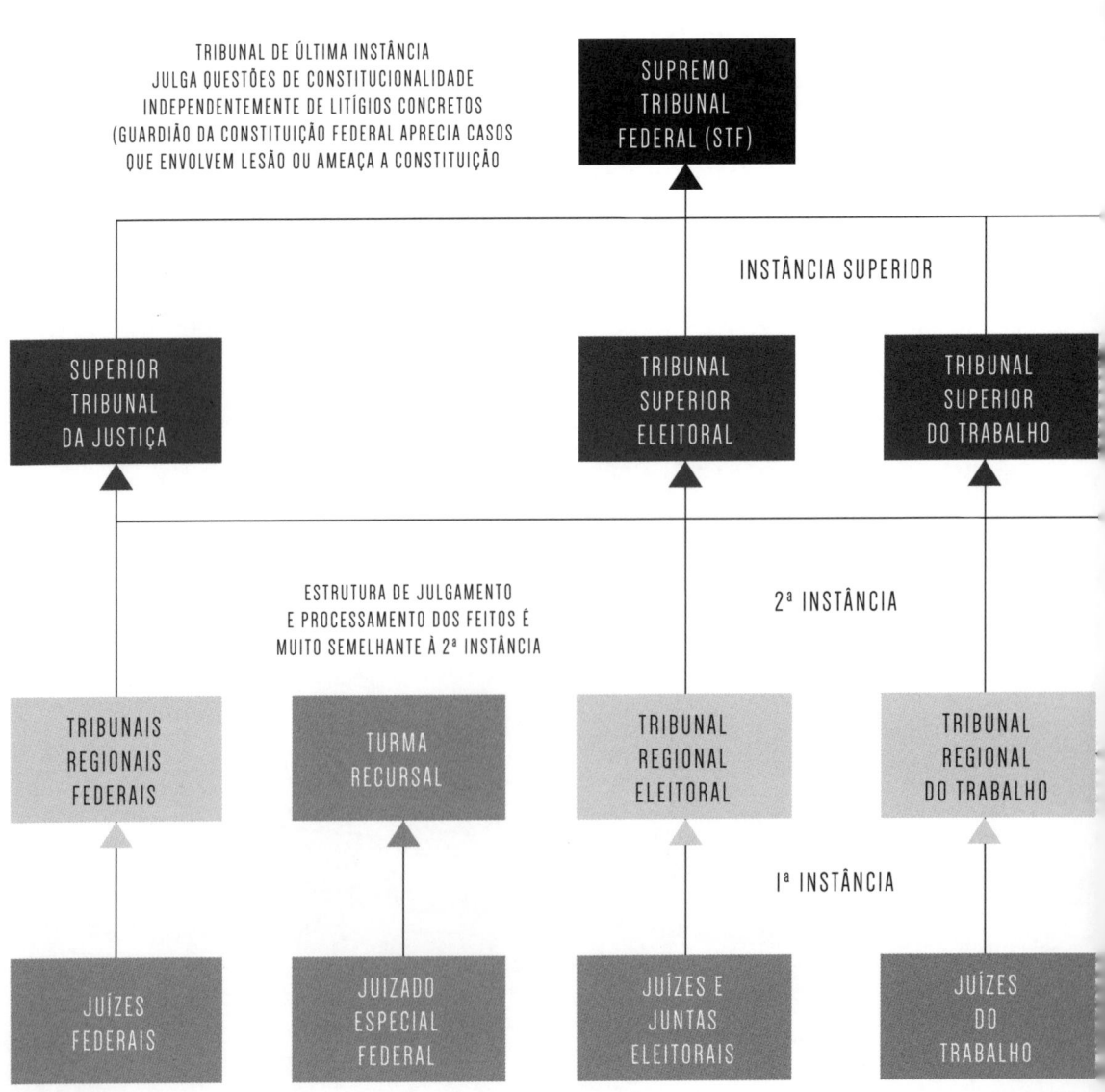

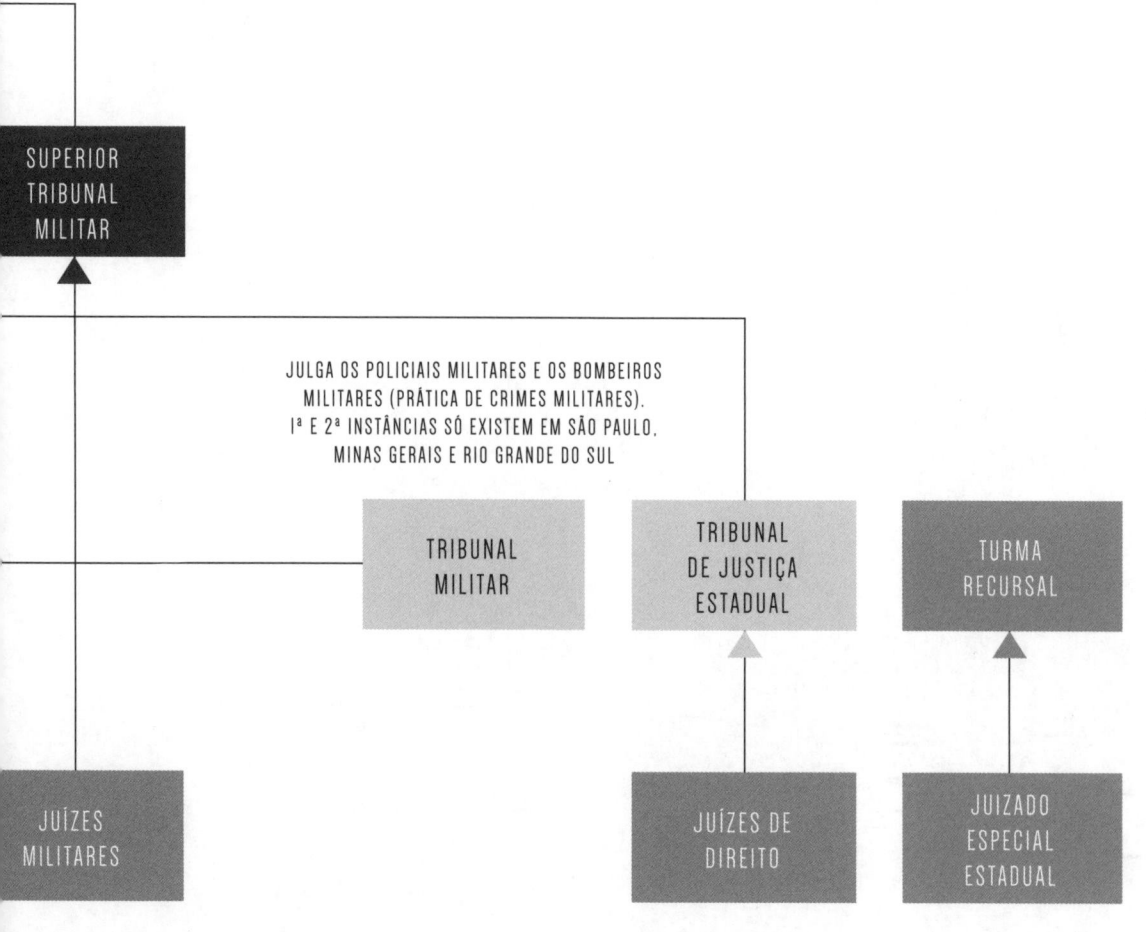

PARTE I

AS INSTITUIÇÕES E OS MEMBROS DA JUSTIÇA

A estrutura da Justiça brasileira, tal qual o Brasil, é grande e bastante complexa. A Constituição de 1988, acrescida das emendas desde então aprovadas, define sua organização e estabelece suas diretrizes gerais.

O centro da estrutura é o Poder Judiciário, objeto do Título IV – "Da organização dos poderes", Capítulo III – "Do Poder Judiciário", da Constituição. O texto constitucional, em seu art. 92, aponta como órgãos do Judiciário uma série de tribunais e juízes, e ainda o Conselho Nacional de Justiça (CNJ), incluído pela Emenda Constitucional nº 45, de 2004. Os primeiros têm a função de julgar, enquanto o CNJ é um órgão administrativo.

Ao lado do Poder Judiciário, a Constituição também trata em seu Título IV, Capítulo IV – "Das funções essenciais à Justiça", das instituições encarregadas de desempenhar tais funções. São elas o Ministério Público, a Advocacia Pública, a Advocacia Privada e a Defensoria Pública. Chegamos assim a um primeiro mapeamento.

Cada uma das instituições que compõem a estrutura da Justiça brasileira é integrada por membros que ostentam títulos variados: juízes, desembargadores, ministros, promotores, procuradores. Apresentar as instituições da Justiça e aqueles que nelas atuam é o objetivo dos capítulos que seguem.

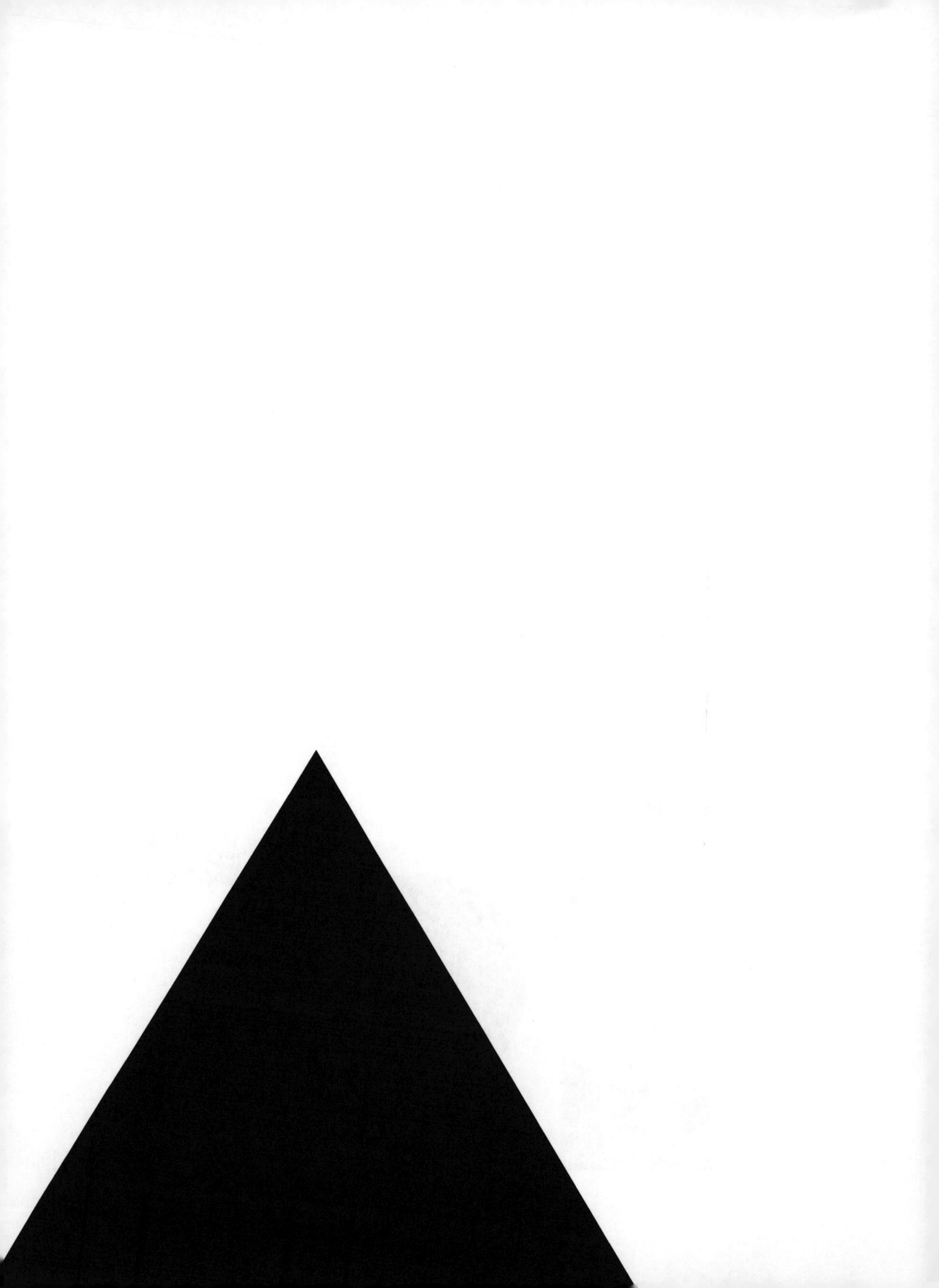

CAPÍTULO I

AS INSTITUIÇÕES DA JUSTIÇA

1.1. O PODER JUDICIÁRIO

A função de julgar

Os tribunais, juízes ou magistrados que compõem o Poder Judiciário são os responsáveis por exercer a chamada função jurisdicional, ou função de julgar, que consiste em aplicar a lei ao caso concreto. É o magistrado quem julga, ou seja, resolve o conflito de interesse que lhe é apresentado. Por isso, nunca se pode dizer que "o juiz deu parecer", ou "o juiz pediu a condenação do réu". O juiz não dá parecer, julga; não pede, ordena, determina, sentencia: condena ou absolve. Se necessário for, poderá até mesmo se valer de força policial para a execução de suas decisões.

Ao aplicar a lei ao caso concreto, o juiz deve agir de forma imparcial, analisando os argumentos de todas as partes. É comum encontrarmos gravuras ou estátuas, geralmente em repartições públicas, que representam a deusa "Justiça" na Antiguidade: uma mulher com uma venda nos olhos para garantir a imparcialidade, uma espada na mão direita e uma balança na mão esquerda, simbolizando o poder e o equilíbrio implícitos na ideia de Justiça.

JURISDIÇÃO JURISDICIONAL

A palavra latina juris *significa "lei" e a palavra* dicere *significa "dizer". Esta é a origem dos termos jurisdição e jurisdicional. Jurisdição é o poder de julgar conflitos e aplicar a lei ao caso concreto dentro de uma determinada área. Existem dois tipos de jurisdição: 1 - jurisdição sobre o território: cada tribunal exerce seu poder em determinado local geográfico; 2 - jurisdição sobre a matéria: cada tribunal julga a matéria que lhe é reservada. Uma questão militar, por exemplo, será julgada pela Justiça Militar e não pela Justiça do Trabalho; já a falência de uma empresa será julgada pela Justiça Estadual, por assim estar disposto na Constituição.*

LIDE

Trata-se do conflito de interesse. É este o conflito que, não resolvido, pode trazer o processo que será decidido pelo magistrado, de acordo com a lei que se aplica ao caso.

Um pouco de História

A história da Justiça no Brasil começou quando, em 1530, Martim Afonso de Sousa foi incumbido pelo rei Dom João III de iniciar a colonização da América Portuguesa e desembarcou na colônia investido de amplos poderes, incluindo os judiciais e policiais.[1] O mesmo ocorreu com os donatários das capitanias hereditárias a partir de 1534, e, diante da arbitrariedade com que a função judicial era exercida por alguns em benefício de seus próprios interesses, logo se verificou ser desaconselhável a existência de tamanho poder.

Em 1549, Tomé de Sousa instalou o governo-geral do Brasil na Bahia e trouxe consigo o desembargador Pero Borges para desempenhar a função de ouvidor-geral e encarregar-se da administração da Justiça. O ouvidor-geral era o destinatário dos recursos contra as decisões dos ouvidores das comarcas de cada capitania, por sua vez, incumbidos de solucionar as contendas nas vilas.

Como as funções judiciais eram, durante o período colonial, confundidas com as funções administrativas e policiais, encontravam-se também, exercendo atividades jurisdicionais nas comarcas, chanceleres, contadores e vereadores que compunham os Conselhos ou Câmaras Municipais. As figuras dos corregedores, provedores, juízes ordinários e juízes de fora, próprias da Justiça portuguesa, começaram a aparecer no Brasil à medida que a colonização foi avançando, o que exigiu uma estrutura burocrática e administrativa mais sofisticada. Na Bahia, surgiram por exemplo os juízes do povo, eleitos pela população local. Outra figura com jurisdição restrita era a do almotacé, que julgava as causas relativas a obras e construções, cabendo recurso de sua decisão aos ouvidores da comarca. Em cada comarca, o corregedor passou a ser a autoridade judiciária superior aos ouvidores e demais juízes. No entanto, esse sistema monocrático de estruturação judiciária demonstrou seu ponto fraco no abuso de poder com que se administrava a Justiça em muitas capitanias e na própria sede do governo-geral.

Estabelecida em 1580 a União Ibérica, que reuniu as coroas de Portugal e Espanha, Felipe II, desejando diminuir os poderes dos ouvidores no Brasil, decidiu dar à Justiça na colônia um órgão colegiado. Essa foi a origem do Tribunal da Relação da Bahia, criado em 1587 mas instalado efetivamente apenas em 1609. Como a nova forma de administração colegiada da Justiça feria seus interesses, os governadores-gerais, que tinham maior controle sobre os ouvidores, conseguiram a supressão da Relação em 1626. No entanto, a colegialidade já era uma conquista irreversível como elemento de segurança do interessado na revisão dos julgados singulares. Assim, em 1652 foi reinstalada a Relação da Bahia, com o nome de Corte Superior Brasileira.

---

[1] - Fonte: http://www.planalto.gov.br/ccivil_03/revista/Rev_05/evol_historica.htm, acesso em 10 de setembro de 2012.

A influência dos donatários das capitanias sobre os ouvidores em suas comarcas acabou por tornar necessário o afastamento dessa ingerência indevida do poder administrativo sobre a Justiça. O alvará de 24 de março de 1708 deixou claro, assim, que os ouvidores das capitanias eram juízes da Coroa e não dos donatários.

Com o objetivo de desafogar o excesso de processos que comprometiam o bom funcionamento da Relação da Bahia, em 1734 foi criado o Tribunal da Relação do Rio de Janeiro, que só foi efetivamente instalado em 1751. O Tribunal era composto por dez desembargadores, divididos em quatro Câmaras de dois ou três juízes. Antes de começar a sessão, celebravase uma missa, pedindo luzes a Deus para que as decisões a serem tomadas fossem presididas pelo ideal de Justiça.

As dificuldades das províncias do Norte para fazer chegar recursos à Relação da Bahia levaram à instituição de um órgão recursal colegiado de nível inferior: em 1758 foi assim criada a Junta de Justiça do Pará, presidida pelo governador da província e composta pelo ouvidor, o intendente, um juiz de fora e três vereadores. A partir de 1765, passaram a ser criadas outras juntas semelhantes nos lugares mais distantes da colônia.

Assim, aos poucos, foi se estruturando a Justiça brasileira, através da criação de Tribunais de Justiça responsáveis pela revisão das sentenças dos magistrados singulares de primeiro grau. Portanto, a história da colonização brasileira pelos portugueses explica a estrutura do Poder Judiciário no Brasil, com a delimitação de seus órgãos e membros.

Proclamada a Independência em 1822, a Constituição do Império do Brasil, outorgada por Dom Pedro I em 1824, foi a primeira a reconhecer um "Poder Judicial" independente, ao lado do Poder Legislativo, do Poder Moderador – privativo do imperador – e do Poder Executivo. Já com o nome atual, o Poder Judiciário foi reconhecido pela Constituição republicana de 1891 como "órgão da soberania nacional", ao lado dos poderes Legislativo e Executivo, todos os três "harmônicos e independentes entre si". Tal configuração foi mantida nas Constituições que se seguiram: as de 1934, 1937, 1946, 1967 e 1988, hoje em vigor.

O Poder Judiciário após a Constituição de 1988

A maior inovação da Constituição de 1988 quanto à estruturação do Poder Judiciário foi a criação do Superior Tribunal de Justiça (STJ) como corte de uniformização de jurisprudência em torno da legislação federal, permitindo que o Supremo Tribunal Federal (STF), instituído desde a Constituição republicana de 1891, assumisse as feições de corte constitucional, como guardião maior da Constituição. Assim, ao STJ cabe fazer com que a lei federal seja aplicada por todos os tribunais do Brasil de forma harmônica, e ao STF cabe em regra controlar a conformidade das decisões judiciais dos tribunais do país à Constituição. Compete-lhe ainda verificar se a elaboração das leis pelo Poder Legislativo obedeceu às regras constitucionais.

SUPERIOR TRIBUNAL FEDERAL

A competência do STF é ampla e vem disciplinada no art. 102 da CRFB, valendo lembrar que, dentre outras matérias, lhe compete julgar: b) nas infrações penais comuns, o Presidente da República, o Vice-Presidente, os membros do Congresso Nacional, seus próprios Ministros e o Procurador-Geral da República; c) nas infrações penais comuns e nos crimes de responsabilidade, os Ministros de Estado e os Comandantes da Marinha, do Exército e da Aeronáutica, ressalvado o disposto no art. 52, I, os membros dos Tribunais Superiores, os do Tribunal de Contas da União e os chefes de missão diplomática de caráter permanente; e) o litígio entre Estado estrangeiro ou organismo internacional e a União, o Estado, o Distrito Federal ou o Território; f) as causas e os conflitos entre a União e os Estados, a União e o Distrito Federal, ou entre uns e outros, inclusive as respectivas entidades da administração indireta; g) a extradição solicitada por Estado estrangeiro.

Os atualmente conhecidos Juizados Especiais, Cíveis e Criminais, para pequenas causas (causas cíveis de menor complexidade e infrações penais de menor potencial ofensivo) foram outra inovação da Constituição de 1988, destinada a implementar o ideal de melhor acesso à Justiça. A simplificação do processo nesses juizados, com dispensa de advogados, promoção da conciliação e revisão por uma turma de juízes de primeira instância, contribui para a generalização desse modelo rápido e barato de composição de conflitos. A população descobriu que não é tão difícil ver seu direito garantido. O problema concreto que ainda se percebe é uma demanda reprimida por Justiça, fazendo com que um juizado recém-aberto seja rapidamente "inundado" de processos e não consiga realizar uma Justiça rápida e eficaz. O Brasil é um país em pleno crescimento, e o investimento na Justiça é crescente, fazendo crer que tal cenário será modificado em médio prazo.

A estrutura do Poder Judiciário é portanto composta de instâncias que se encadeiam de maneira hierárquica, de forma que uma instância é subordinada a outra. Isso possibilita o chamado duplo grau de jurisdição, princípio que permite àquele que for parte em uma ação julgada em primeira instância (composta geralmente por um juiz) ingressar com recurso para revisão e novo julgamento da mesma causa. A revisão e o novo julgamento são realizados por uma segunda instância, composta por um colegiado de juízes, ou seja, por um tribunal.

No que concerne à distribuição dos diferentes órgãos pelo território nacional, o STF, o CNJ, o STJ e os demais tribunais superiores (TSE, TST e STM) têm sede na capital federal, Brasília. Sua esfera de atuação, no entanto, estende-se por todo o país.

Os Tribunais Regionais (Tribunais Regionais Federais, Tribunais Regionais Eleitorais e Tribunais Regionais do Trabalho) têm atuação em sua respectiva região, formada por um conjunto de estados, enquanto os Tribunais de

O RECURSO DA DECISÃO DO JUIZ SOBE PARA O TRIBUNAL

O TRIBUNAL REFORMA OU MANTÉM A DECISÃO DO JUIZ

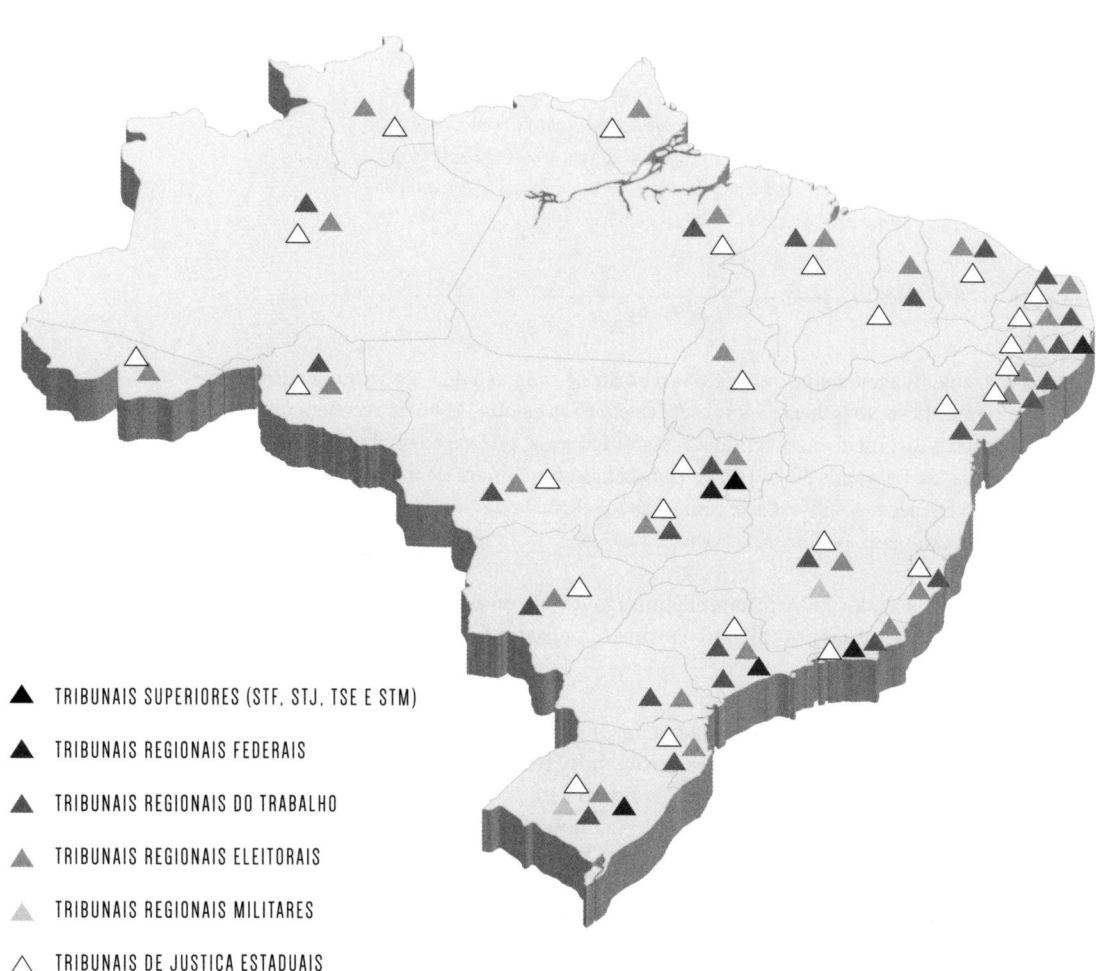

▲ TRIBUNAIS SUPERIORES (STF, STJ, TSE E STM)
▲ TRIBUNAIS REGIONAIS FEDERAIS
▲ TRIBUNAIS REGIONAIS DO TRABALHO
▲ TRIBUNAIS REGIONAIS ELEITORAIS
▲ TRIBUNAIS REGIONAIS MILITARES
△ TRIBUNAIS DE JUSTIÇA ESTADUAIS

LEI DE TALIÃO

A expressão se refere ao costume antigo pelo qual a vítima de um delito se vingava infligindo ao delinquente o mesmo dano ou mal que ele praticara: era a prática do "olho por olho, dente por dente". Ao contrário do que alguns pensam, talião não é nome próprio (portanto não se escreve com maiúscula), e sim um substantivo comum cuja raiz latina é a mesma de retaliação. No Brasil de hoje, o cidadão que tentar resolver sozinho um conflito de modo violento e arbitrário incorre na prática do crime denominado "exercício arbitrário das próprias razões" (art. 345 do Código Penal).

Justiça têm sua atuação delimitada pelo território de cada estado.[2] Os Tribunais Regionais também têm uma seção judiciária e subseções em cada estado, as quais recebem os processos de primeira instância envolvendo as causas federais, que serão analisadas adiante. Da mesma forma, os Tribunais de Justiça de cada estado funcionam de maneira descentralizada. A divisão em seções, subseções e comarcas foi adotada devido às proporções continentais do Brasil. Com isso, facilita-se o acesso à Justiça.

Já está claro que o Poder Judiciário tem a missão de "dizer a lei" diante de cada caso. No entanto, ele não deve atuar por iniciativa própria. As partes é que devem levar seu conflito à Justiça, e não o contrário.

Em tempos antigos, os homens costumavam fazer justiça com as próprias mãos. À medida que a sociedade e o Estado foram se desenvolvendo, percebeu-se que deveria haver uma solução mais civilizada para os conflitos. Assim, o Estado tomou para si o monopólio da função de julgar, que deve ser sempre imparcial: o juiz deve ser neutro e aplicar a lei ao caso concreto segundo a norma disposta no texto legal.

Para manter a imparcialidade, o Estado-juiz não pode, portanto, tomar a iniciativa de solucionar os conflitos existentes na sociedade. Deve esperar que alguém o procure, deve ser provocado. Chama-se a isso o princípio da inércia do Judiciário. Num caso, por exemplo, de reparação de danos quando alguém bate no carro de outro, o próprio cidadão atingido pode apresentar um pedido de reparação a um Juizado Especial sem precisar contratar um advogado. Todavia, na maioria dos casos o juiz só pode ser procurado por quem tiver poder (capacidade postulatória) para tanto.

---

[2] - Fonte: http://www.stf.jus.br/arquivo/cms/sobreStfCooperacaoInternacional/anexo/STF_ _Brasil_ _ Estrutura_e_Atribuicoes.pdf.

Um caso que causou polêmica no Brasil foi o da publicação de biografias não autorizadas de personalidades do mundo artístico ou esportivo, entre outras. Enquanto alguns críticos defendem que esses livros devem ser previamente autorizados pelas personalidades biografadas, para preservar seu direito à intimidade e à honra e outros direitos previstos nas leis brasileiras, outros alegam que os cidadãos também têm direito à informação e à livre manifestação, e que uma biografia representa um trabalho de pesquisa feito pelo escritor sobre a vida do biografado. Esse conflito de direitos, sustentado pelos advogados de ambas as partes, está para ser julgado pelo Supremo Tribunal Federal, houve a participação de diversos especialistas, favoráveis ou contrários às biografias não autorizadas, nas chamadas "consultas públicas", em que a participação da população se fez presente. Esse ponto reforça o Poder Judiciário e a democracia, com a proposta de ideias diferentes e a participação do povo.

A Constituição prevê os sujeitos capazes de provocar a atuação do Judiciário. Devido a essa importante incumbência, suas funções são chamadas de "essenciais à Justiça". Elas são exercidas pelo Ministério Público, por advogados públicos ou privados, e pela Defensoria Pública.

Concluindo, portanto, a magistratura é exercida pelo Poder Judiciário, composto de juízes cuja missão constitucional é julgar os litígios entre os cidadãos (as chamadas "causas") através de um processo, aplicando as leis e a Constituição Federal ao caso concreto. Será o juiz quem dirá como a lei será aplicada, interpretando-a segundo as normas que regem o sistema jurídico brasileiro, e atendendo aos fins sociais a que ela se dirige e às exigências do bem comum. Interpretar a lei significa aplicar o teor da lei ao caso concreto, e é assim que se faz a Justiça.

Pontos para reflexão

▲ A função da magistratura é aplicar a lei ao caso concreto.
▲ O juiz interpretará a lei, dirimindo os conflitos levados ao Judiciário.
▲ Os estados brasileiros contam com uma Justiça Estadual, cabendo à Justiça Federal o tratamento das questões nacionais, que extrapolam o interesse local de um estado.

I. 2. O MINISTÉRIO PÚBLICO

O Ministério Público é uma instituição fundamental para a defesa dos direitos dos cidadãos e da democracia, além de ser importante para o Poder Judiciário. Como guardião dos interesses dos cidadãos, é tratado pela Constituição como "advogado da sociedade", exercendo a defesa dos interesses da coletividade.

PARQUET

A palavra francesa parquet *significa "assoalho". Seu uso como sinônimo de Ministério Público tem origem no Direito francês e liga-se ao fato de que os procuradores do rei ficavam sobre o assoalho das salas de audiência antes de terem direito ao assento ao lado dos juízes.*

Os membros do Ministério Público – promotores de justiça e procuradores – fiscalizam a correta aplicação da lei, emitindo pareceres (função chamada de custos *legis*) em processos e ingressando com ações em juízo como autores de processos penais ou cíveis. Eles não julgam, não decidem, mas em seus pareceres indicam ao juiz a melhor forma de aplicar a lei, ou então propõem ações penais e cíveis pedindo a condenação do transgressor da ordem pública. O juiz não precisa ficar adstrito ao parecer do Ministério Público, mas esta é uma importante fonte para o julgamento da questão apreciada pelo Judiciário. A grande diferença entre o Ministério Público e as demais partes do processo é sua imparcialidade, que lhe permite, antes do julgamento final, se convencer de que o pedido de condenação é indevido. Nesse caso, seu representante pode pedir a absolvição do réu (em se tratando de ação penal) ou declarar o julgamento improcedente (ação civil pública).

No processo penal, o Ministério Público, também chamado *Parquet*, é quem exerce o direito de punir do Estado (conhecido como *jus puniendi* estatal), emitindo a acusação pública em face do réu que pratica um ato criminoso; seu representante, o promotor de justiça, autor da ação penal, é figura bastante conhecida da população brasileira: aquele personagem de beca com faixa vermelha que acusa o réu no Tribunal do Júri.

O promotor de justiça é sempre visto como quem acusa, mas na verdade sua função é muito mais ampla, já que inclui a defesa dos interesses coletivos: os cidadãos têm o direito de ver o transgressor da lei que pratica um crime condenado, mas também o de ver o inocente absolvido. Da mesma forma, ter um meio ambiente sustentável é um direito do cidadão defendido pelo Ministério Público.

Uma característica importante do Ministério Público é sua independência. A Constituição lhe reserva uma série de garantias, para que seu representante, sempre baseado no respeito à lei, aja livremente, de forma independente, com o objetivo de proteger os interesses da sociedade.

No processo civil, o Ministério Público age como autor de ações civis públicas em defesa de interesses coletivos, como por exemplo a defesa do consumidor, impedindo um banco de cobrar taxas de juros ilegais. Pode também o Ministério Público instaurar inquérito civil, chamando aquele que lesou o interesse da coletividade, como por exemplo o meio ambiente, obrigando o investigado a indenizar os prejuízos causados mediante a assinatura de um termo de ajustamento de conduta. Tais interesses são denominados interesses difusos e coletivos. Tamanha amplitude de funções reservadas ao Ministério Público já levou à afirmação de que se trata, na verdade, de um quarto poder da República.

Um pouco de História

Segundo textos encontrados em escavações no Egito, a raiz do Ministério Público remonta a 4 mil anos a.C. , expressando-se na figura do funcionário real denominado magiaí, que representava a língua e os olhos do rei. Cabia ao magiaí castigar os rebeldes, reprimir os violentos, proteger os cidadãos pacíficos, acolher os pedidos do homem justo, perseguir o malvado e o mentiroso, agir como marido da viúva e pai do órfão, fazer ouvir as palavras da acusação, indicar as disposições legais que se aplicavam a cada caso, tomando parte na instrução para descobrir a verdade.

O Brasil conheceu o Ministério Público, embora ainda não reconhecido como instituição, no século XVI, por influência do Direito português. Assim, em 1521, as Ordenações Manuelinas, que fiscalizavam o cumprimento e a execução da lei juntamente com os procuradores dos Feitos do Rei, citavam o papel do promotor de justiça, que deveria ser alguém letrado e bem-entendido para saber "espertar e alegar as causas e razões para clareza da justiça e inteira conservação da mesma".

Em 1603, as Ordenações Filipinas passaram a prever, ao lado do promotor de justiça da Casa da Suplicação, as figuras do procurador dos Feitos da Coroa, do procurador dos Feitos da Fazenda e a do solicitador de justiça da Casa da Suplicação, com funções que posteriormente seriam exercidas pelo Ministério Público. O promotor de justiça da Casa da Suplicação, indicado pelo rei, tinha as funções de fiscalizar o cumprimento da lei e de formular a acusação criminal nos processos perante a Casa da Suplicação.

O fato é que até o início de 1609 funcionava no Brasil apenas a Justiça de primeira instância, e ainda não existia o Ministério Público. Os processos criminais eram iniciados pelo particular, pelo ofendido ou pelo próprio juiz, e o recurso cabível era interposto para o Tribunal da Relação de Lisboa, em Portugal. Em março de 1609 criou-se o Tribunal da Relação da Bahia, onde foi definida pela primeira vez a figura do promotor de justiça, que

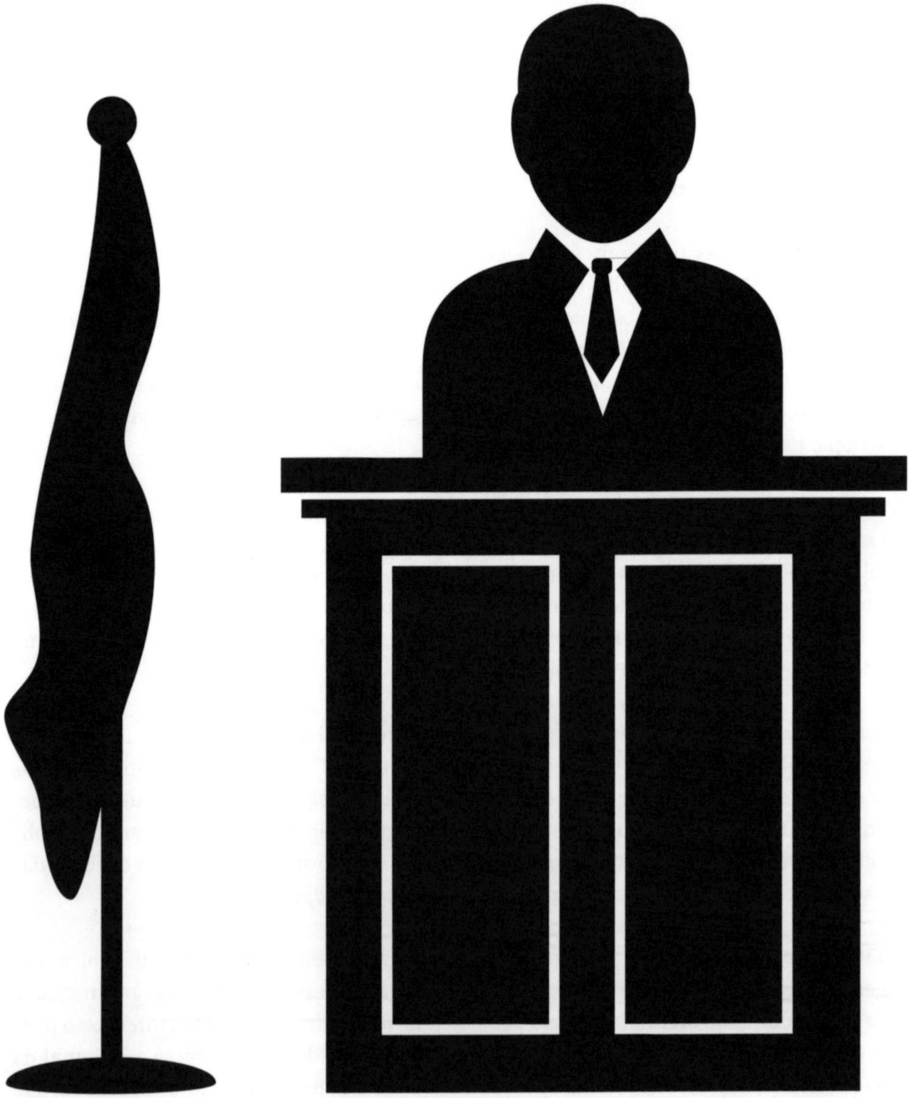

o integrava juntamente com o procurador dos Feitos da Coroa, Fazenda e Fisco. Em 1751, o Tribunal da Relação foi criado no Rio de Janeiro, com a mesma estrutura organizacional do tribunal baiano. Em 1763, com a transferência da sede da colônia de Salvador para o Rio de Janeiro, a Relação do Rio de Janeiro foi transformada em Casa da Suplicação do Brasil. Em 1808, a Casa da Suplicação passou a julgar recursos de decisões do Tribunal da Relação da Bahia. Nesse novo tribunal, os cargos de promotor de justiça e o de procurador dos Feitos da Coroa e Fazenda foram unificados e passaram a ser ocupados por dois titulares.

Na época do Império, a Constituição de 1824 não se referia ao Ministério Público, mas estabelecia que, nos juízos de crimes cuja acusação não pertencesse à Câmara dos Deputados, a acusação ficaria sob a responsabilidade do procurador da Coroa e Soberania Nacional. Em 1828, uma lei datada de 18 de setembro veio dispor sobre a competência do Supremo Tribunal de Justiça e determinar o funcionamento de um promotor de justiça em cada uma das Relações. A sistematização das ações do Ministério Público começou em 1832 com o Código de Processo Penal do Império, que previa o promotor de justiça como defensor da sociedade. Em 1871, a Lei do Ventre Livre confiou ao promotor de justiça a função de protetor do fraco e indefeso, ao estabelecer que a ele cabia zelar para que os filhos livres de mulheres escravas fossem devidamente registrados.

Após a instauração da República em 1889 e a promulgação da Constituição de 1891, o Decreto nº 848, que criava e regulamentava a Justiça Federal, dispôs sobre a estrutura e as atribuições do Ministério Público no âmbito federal. Nos anos seguintes, o processo de codificação do Direito nacional permitiria o crescimento institucional do Ministério Público. O Código Civil de 1916, o Código de Processo Civil de 1939, o Código Penal de 1940, o Código de Processo Penal de 1941 e o Código de Processo Civil de 1973 passaram a atribuir diversas funções à instituição.

Também as Constituições que se seguiram à de 1891 trataram do Ministério Público. A Constituição de 1934 o mencionava no capítulo "Dos órgãos de cooperação", desse modo institucionalizando-o, e prevendo uma lei federal referente à organização do Ministério Público da União. Em 1937, a Constituição não fazia referência expressa ao Ministério Público, mas apenas ao procurador-geral da República e ao quinto constitucional.[3] Em 1946, a Constituição referiu-se expressamente ao Ministério Público em título próprio, nos art. de 125 a 128, sem vinculação aos poderes. Em 1951, a criação do Ministério Público da União (MPU) se consolidou com a Lei nº 1.341. A legislação previa que o MPU estaria vinculado ao Poder Executivo e dispunha também sobre suas ramificações em Ministério Público Federal, Militar, Eleitoral e do Trabalho. Em 1967, a Constituição fez referência expressa ao Ministério Público no capítulo destinado ao Poder Judiciário. Uma emenda constitucional de 1969 referiu-se ao Ministério Público no capítulo destinado ao Poder Executivo.

---

[3] - A regra do quinto constitucional, hoje objeto do art. 94 da Constituição de 1988, prevê que um quinto, ou seja, 20% dos membros dos Tribunais Regionais Federais, dos Tribunais dos Estados, do Distrito Federal e Territórios sejam compostos por membros do Ministério Público e advogados com mais de dez anos de carreira.

Em 1981, o estatuto do Ministério Público foi formalizado pela Lei Complementar nº 40, que instituiu garantias, atribuições e vedações a seus membros. Em 1985, a área de atuação do Ministério Público foi ampliada com a Lei nº 7.347/85 (Lei da Ação Civil Pública), que lhe atribuiu a função de defesa dos interesses difusos e coletivos.

O Ministério Público após a Constituição de 1988

A Constituição de 1988 faz referência expressa ao Ministério Público em seu Título IV ("Da organização dos poderes"), Capítulo IV ("Das funções essenciais à Justiça"), Seção I, declarando-o instituição permanente e incumbindo-o da defesa da ordem jurídica, do regime democrático e dos interesses sociais e individuais indisponíveis, e definindo as funções de seus membros, bem como suas garantias e vedações.

Até então, como acontecia na França, os procuradores brasileiros eram os representantes do Estado nas ações judiciais. A Constituição de 1988 rompeu com essa tradição, atribuindo a função de defender o Estado aos advogados públicos (procuradores dos estados e dos municípios). A decisão foi correta, porque algumas vezes os interesses da coletividade e os do poder público (União, estados e municípios) são opostos, não podendo, assim, ser defendidos pela mesma instituição. Um exemplo seria o de um idoso que entra com uma ação contra o INSS para ter reconhecido seu direito à aposentadoria – seria o cidadão em conflito com o Estado que não concedeu a pensão pleiteada. Com essa mudança, o Ministério Público passou a ser plenamente o defensor da sociedade.

Ao lado da conhecida função de autor da ação penal, com a Constituição de 1988 o Ministério Público adquiriu novas funções na área cível, destacando-se sua atuação na tutela dos interesses difusos e coletivos, como meio ambiente, consumidor, patrimônio histórico, turístico e paisagístico, pessoa portadora de deficiência, criança e adolescente, comunidades indígenas e minorias étnico-sociais. Tais atribuições ampliaram a evidência do Ministério Público na sociedade, transformando a instituição num braço da população brasileira e dando origem à expressão "advogado da sociedade".

As atribuições do Ministério Público, modernamente, são objeto de reflexão. Discute-se a necessidade de racionalização de sua atuação, propondo-se a dispensa da manifestação ministerial em determina-

---

TRIBUNAL DE CONTAS

É o órgão que exerce o controle externo das finanças de toda a administração pública brasileira. Apesar do nome "tribunal", faz parte da estrutura do Poder Legislativo, e suas decisões são passíveis de revisão pelo Poder Judiciário. Existem o Tribunal de Contas da União, junto ao Congresso Nacional, e os Tribunais de Contas dos Estados, agregados às respectivas Assembleias Legislativas.

das hipóteses como, por exemplo, uma separação judicial de pessoas maiores, capazes e sem filhos menores. Não há interesse público em questão a demandar a intervenção do Ministério Público.

Na esteira de tal raciocínio, o Conselho Nacional do Ministério Público editou estudo sobre o tema (Recomendação n° 16, de 28 de abril de 2010), propiciando aos membros do Ministério Público a concentração de seus esforços na defesa do interesse coletivo, atuando não só na sociedade, mas para a sociedade.

Estrutura do Ministério Público

O Ministério Público abrange o Ministério Público da União (MPU) e os Ministérios Públicos dos Estados (MPEs). O MPU, por sua vez, compreende o Ministério Público Federal (MPF), o Ministério Público do Trabalho (MPT), o Ministério Público Militar (MPM) e o Ministério Público do Distrito Federal e Territórios (MPDFT).

Da mesma forma que o Poder Judiciário, o Ministério Público tem um órgão de controle administrativo, financeiro e disciplinar: o Conselho Nacional do Ministério Público (CNMP). Assim como o Conselho Nacional de Justiça, o CNMP não exerce as funções próprias do Ministério Público, apenas as fiscaliza e estabelece metas de eficiência para cada ramo da instituição.

Existe ainda um Ministério Público Especial junto aos Tribunais de Contas (TCs). Esse MP não integra a estrutura dos órgãos do MPU ou dos MPEs, estando ligado diretamente aos TCs. Assim, cabe ao Tribunal de Contas realizar o concurso para a seleção de seus membros, bem como para as demais atividades administrativas.

Além da atividade concreta estabelecida na Constituição, o Ministério Público é regido por vários princípios, que devem nortear o exercício de suas funções. Por exemplo, o Ministério Público é uma instituição única (princípio da unidade), sendo sua divisão destinada meramente ao melhor desempenho de suas atividades. O MPU, porém, não se confunde com os MPEs, apesar de pertencerem ao Ministério Público brasileiro como um todo.

Outro princípio que rege a atuação do Ministério Público é a possibilidade de um membro substituir outro na mesma causa, isto porque nenhum deles atua em nome próprio, mas em nome do MP (princípio da indivisibilidade). Um promotor que venha a atuar em uma causa já iniciada por outro pode, inclusive, adotar posturas diferentes do primeiro, sem que isso represente uma contradição. Em qualquer caso, é o MP que se manifesta, e não um membro individualmente. Se um promotor ingressar com uma ação penal pedindo a condenação do réu e sair de férias, o membro do MP que o substituir poderá pedir a absolvição do réu, se assim indicar a prova do processo, sem que tal postura dê margem à nulidade do processo.

Os membros do MP têm autonomia de convicção (princípio da independência funcional). Cada um deles toma suas decisões de acordo com a lei e com sua própria consciência. Não deve satisfações e não precisa seguir orientações do chefe da instituição, seja o procurador-geral de justiça (chefe do MP nos estados) ou o procurador-geral da República (chefe do MPU). A única hierarquia existente na instituição é de caráter administrativo, e nunca de cunho funcional, relativa ao conteúdo da atuação de determinado membro. Por isso é que se afirma que cada membro do MP "presenta" o Ministério Público, e não o representa, já que não existe a figura do representante e do representado. Quando o promotor de justiça age, é o Ministério Público que está agindo.

Outro aspecto importante é que um determinado membro do MP não pode ser designado para um caso específico. Não existe escolha de qual membro do MP atuará em cada caso. A atribuição de cada membro do MP já está definida previamente pela lei (princípio do promotor natural). O máximo que pode ocorrer é a distribuição por sorteio, quando existem vários membros com a mesma atribuição. Por exemplo, na capital do estado do Rio de Janeiro existem cinco Promotorias de Justiça de Massas Falidas, todas com a mesma atribuição para atuar em processos de falências, recuperações judiciais e liquidações extrajudiciais. Todavia, uma vez distribuído o processo, a Promotoria sorteada passa ser a responsável por todo o seu desenvolvimento.

O MP também dispõe de algumas garantias. Exerce a autogestão, sem qualquer tipo de interferência externa; em outras palavras, possui autonomia administrativa e financeira. As leis complementares referentes à organização de cada órgão do MP são de iniciativa dos respectivos procuradores-gerais. Isso significa que é o próprio MP que indica ao Poder Legislativo como se organizará.

Mais ainda, a Constituição também confere autonomia financeira ao MP. A instituição tem plena liberdade para gerir seus recursos, dentro dos limites dos orçamentos nacional e estadual a ela destinados. A chamada Lei de Diretrizes Orçamentárias, que determina todo o orçamento do poder público, inclusive o do MP, estabelece o montante de recursos a ele atribuídos, os quais a instituição pode gerir como melhor lhe aprouver.

Assim como existem garantias, há vedações aos membros do MP, representadas por proibições ao exercício de certas atividades. Isso ocorre em função de sua própria qualidade de promotores, procuradores etc. As atividades vedadas são aquelas consideradas incompatíveis com a condição de membros. É vedado assim aos membros do MP: receber qualquer valor relativo à sua atuação em um processo, como os advogados recebem; exercer a advocacia; administrar sociedades, cooperativas ou fundações; exercer qualquer outra atividade pública, salvo o magistério; exercer atividade político-partidária, bem como se candidatar a cargo eletivo; receber auxílios ou contribuições de indivíduos, entidades públicas ou privadas, ressalvadas as exceções previstas em lei; exercer a advocacia no juízo ou tribunal em que exercia suas funções, por um prazo mínimo de três anos a contar do afastamento do cargo por aposentadoria ou exoneração.

Concluindo, o Ministério Público é uma instituição permanente da Justiça, composta de membros (promotores de justiça, procuradores da República, entre outras nomenclaturas) cuja missão constitucional é defender os interesses difusos e coletivos, bem como processar criminalmente o criminoso. Para tanto, o Ministério Público e vale do inquérito civil, da ação civil pública, e exerce com exclusividade a ação penal pública, ao denunciar o acusado visando à aplicação da lei penal. Cumpre, assim, o MP sua função de "advogado da sociedade".

Pontos para reflexão

▲ O Ministério Público é o "advogado da sociedade", ou seja, defende o interesse da coletividade, conceito que extrapola o direito de apenas um cidadão.
▲ O Ministério Público pode agir tanto como fiscal da lei (custos *legis*), verificando se ela está sendo aplicada corretamente nos processos, quanto como autor, propondo ações judiciais.
▲ Apesar de sua origem remota, foi após a Constituição de 1988 que o Ministério Público teve seu perfil consolidado, adquirindo independência e importantes poderes.
▲ O Ministério Público não faz parte do Poder Judiciário, e tampouco está submetido ao Poder Executivo. É uma instituição independente, com orçamento próprio, cujos membros são independentes no exercício de suas funções.
▲ O Ministério Público é destinatário do mesmo tratamento constitucional da magistratura, com a mesma remuneração e as mesmas garantias e vedações, como a impossibilidade do exercício da advocacia.

I. 3. A DEFENSORIA PÚBLICA

A Defensoria Pública, ao lado do Ministério Público, da Advocacia Pública e da Advocacia Privada, é uma das funções essenciais à Justiça estabelecidas pela Constituição de 1988. É responsável por prestar assistência jurídica gratuita à população que não tenha condições financeiras de pagar despesas judiciais e honorários de advogado. O principal beneficiário desse serviço é o cidadão. Todas as pessoas têm direito à assistência jurídica, e o Estado tem a obrigação de oferecer esse serviço gratuitamente àqueles que dele necessitem. A assistência jurídica integral e gratuita aos desprovidos de recursos financeiros está inclusive prevista na Constituição como uma garantia fundamental.

A Defensoria Pública ajuda, assim, a difundir informação e a garantir direitos a quem mais precisa, amenizando diferenças sociais, possibilitando o ingresso com uma ação no Poder Judiciário, e assim realizando a justiça. É um instrumento essencial à democratização da Justiça e à própria aplicação das regras previstas na Constituição.

Exatamente por causa de seu papel na sociedade, a Defensoria Pública começou a desempenhar outras funções extrajudiciais, voltadas para a população carente de recursos financeiros. Além ingressar com ações na Justiça e prestar assistência jurídica, a Defensoria dá apoio a seus assistidos na obtenção da segunda via de documentos, como certidão de nascimento, casamento ou óbito, carteira de identidade etc. , e na realização de escrituras de imóveis e outros atos em cartório. A Defensoria Pública também pode ingressar com uma ação civil pública para a proteção dos interesses difusos e coletivos, como os ligados ao meio ambiente, consumidor, patrimônio histórico, turístico e paisagístico, pessoa portadora de deficiência, criança e adolescente, desde que esteja representando um cidadão comprovadamente carente de recursos financeiros ou uma associação ligada aos carentes.

A Defensoria Pública é um órgão peculiar em relação às demais instituições da Justiça, pois é voltada para uma camada específica da sociedade: confere àqueles sem recursos financeiros a possibilidade de defesa de seus direitos, estando comprometida com a igualdade e com a construção de uma sociedade justa e solidária.

Um pouco de História

Os primeiros registros de uma assessoria jurídica para os mais pobres no Brasil estão nas Ordenações Filipinas, na seguinte passagem: "Em sendo o agravante tão pobre que jure não ter bens móveis, nem de rais, nem por onde pague o aggravo, e dizendo na audiência uma vez o Pater Noster pela alma Del Rey Don Diniz, ser-lhe-á havido, como se pagasse os novecentos réis, contanto que tire de tudo certidão dentro do tempo, em que havia de pagar o aggravo".[4]

---

[4] - Apud MORAES, Humberto Peña de; DA SILVA, José Fontenelle Teixeira. *Assistência judiciária: sua gênese, sua história e a função protetiva do Estado*. Rio de Janeiro: Liber Juris, 1984.

Quase três séculos mais tarde, em 5 de maio de 1897, um decreto instituiu a Assistência Judiciária na capital federal, na época situada no Rio de Janeiro. A Ordem dos Advogados do Brasil (OAB), criada em 1930, também teve forte atuação na garantia de acesso à Justiça por aqueles que não tinham recursos financeiros para tanto. Em decorrência da campanha da entidade intitulada Justiça para os Pobres, alguns advogados passaram a defender essa camada da população em juízo.

O fortalecimento da Defensoria Pública está ligado ao advento da Justiça gratuita. Em 1934 São Paulo foi o primeiro estado a criar o serviço de assistência judiciária, seguido de Rio Grande do Sul e Minas Gerais.

A Defensoria Pública após a Constituição de 1988

Finalmente, a Defensoria Pública foi inserida na Constituição de 1988. Já em seu Título II ("Dos direitos e garantias fundamentais"), Capítulo I ("Dos direitos e deveres individuais e coletivos"), art. 5, inciso LXXIV, está dito que "o Estado prestará assistência jurídica integral e gratuita aos que comprovarem insuficiência de recursos". Para complementar, em seu Título IV ("Da organização dos poderes"), Capítulo IV ("Das funções essenciais à Justiça"), Seção III, a Constituição também atribui à Defensoria Pública o status de instituição essencial à função jurisdicional do Estado.

O defensor público recebe seu salário dos cofres do Estado. Isso significa que os assistidos não terão de pagar pelos serviços prestados nem por qualquer ato extrajudicial, como honorários advocatícios, custas judiciais, atos jurídicos etc. A análise que leva o juiz a conceder a gratuidade de justiça e convocar um defensor público para uma demanda é feita caso a caso. Não se justificaria conceder gratuidade de justiça a uma pessoa que recebe um salário de R$ 5.000,00, tem carro e vive com os pais. A situação já é outra quando se trata de uma pessoa que recebe o mesmo salário, mas sustenta outra pessoa que sofre de alguma enfermidade, por exemplo. Os valores são os mesmos, mas os casos são completamente distintos.

Nos processos em que for concedida a gratuidade de justiça, o defensor público acompanhará o caso pessoalmente. É claro que um advogado também pode exercer a assistência judiciária gratuita (chamada de advocacia *pro bono*). Nesse caso, ele não receberá pelo serviço, mas seu cliente também não pagará as custas do processo, que são exigidas para o andamento da máquina judiciária – as chamadas taxas judiciárias, pagas aos tribunais para que o serviço público de julgar seja realizado. De qualquer forma, na maioria dos processos em que é concedida a gratuidade de justiça, é o defensor público que atua. Isso exige uma estrutura própria para a organização das Defensorias dentro do território do país. A Defensoria Pública da União (DPU), por exemplo, conta com uma média de 476 defensores espalhados por 59 unidades.

> **"ASSISTIDO"**
>
> Assim é chamado o indivíduo atendido pela Defensoria Pública. O termo remete à atuação do defensor ao assistir, ou seja, promover os interesses dos indivíduos sem recursos financeiros para arcar com as despesas de advogado.

Assim como os demais órgãos da Justiça, a Defensoria Pública também tem uma estrutura própria para conseguir atender às necessidades da população. Existem ramificações no âmbito da União, dos estados e do Distrito Federal, onde cada Defensoria Pública tem uma organização.

A Defensoria Pública tem uma atuação bastante ampla, como se pode perceber, na defesa dos interesses dos consumidores, do patrimônio público, do meio ambiente equilibrado e outros. Nas universidades públicas que possuem sistema de ações afirmativas (política de cotas), a Defensoria Pública defende que essas políticas são essenciais para a promoção do princípio da igualdade, podendo ingressar em juízo para que o regime de cotas seja respeitado.

Estrutura da Defensoria Pública

A Defensoria Pública se organiza de forma semelhante à própria estrutura da Justiça brasileira. Assim, existe uma Defensoria Pública da União (DPU), uma Defensoria Pública dos Estados (DPE) e uma Defensoria Pública do Distrito Federal e Territórios (DPDFT).

Os serviços oferecidos pelas Defensorias abrangem as matérias previdenciária, criminal, trabalhista; de direito do consumidor, direitos humanos, direito de família, direitos do estrangeiro; questões tributárias, casos relativos ao Sistema Financeiro da Habitação, alimentação, saúde, renda mínima, dívidas de cartões de crédito e cheques especiais, entre outros. O defensor público, além da defesa de seu assistido em um processo judicial, também presta orientação e aconselhamento jurídicos.

A Defensoria Pública é assim uma instituição essencial à função jurisdicional do Estado, incumbindo-lhe a orientação jurídica e a defesa, em todos os graus, de seus assistidos. Ela advoga gratuitamente para quem não possui recursos financeiros suficientes para pagar os honorários de um advogado particular e as despesas judiciais (taxa judiciária e demais despesas) a fim de que o julgamento de sua causa pelo Estado se concretize.

Pontos para reflexão

▲ A Defensoria Pública presta assistência judiciária gratuita às pessoas que não têm condições financeiras de pagar despesas judiciais e honorários de advogado.
▲ O Estado tem a obrigação de proporcionar o acesso à Justiça a todos os cidadãos, inclusive os desprovidos de recursos financeiros, o que se materializa com a Defensoria Pública.
▲ A Defensoria Pública, após a Constituição de 1988, foi alçada ao status de instituição essencial à função jurisdicional do Estado.

I. 4. A ADVOCACIA PÚBLICA

Os processos que correm no Poder Judiciário em geral envolvem pessoas comuns. Um indivíduo pode entrar na Justiça contra outro para cobrar uma dívida, por exemplo. No entanto, além dos indivíduos, as instituições também podem ser autoras ou rés em diferentes processos. Assim, um trabalhador pode entrar na Justiça contra a empresa em que trabalha, seja privada ou pública, caso ela não tenha pagado suas férias ou o 13º salário. Da mesma forma, ele poderá mover uma ação contra o estado, o município ou a União.

Se um médico que é funcionário público de um hospital municipal carioca tiver praticado um erro médico, por exemplo, a vítima poderá processar o município do Rio de Janeiro. Se ocorrerem descontos indevidos na conta-corrente de um cliente do Banco do Brasil, que é uma empresa sob controle do Estado (com dinheiro público envolvido), o cliente poderá processar o banco. Um indivíduo poderá também processar o estado de Minas Gerais se em seu território ocorrer algum acidente causado por queda de barreira, já que o estado tem o dever de cuidar da manutenção de suas estradas.

Como qualquer um que é parte em um processo judicial, as instituições públicas precisam de um advogado, de alguém que as represente e as defenda judicialmente. Para tanto – e para outras atividades extrajudiciais, como será exposto a seguir –, existe a função essencial à Justiça denominada Advocacia Pública, representada pela Advocacia Geral da União, pelas Procuradorias dos estados ou pelos procuradores dos municípios. As instituições públicas podem ser os entes federativos – União, estados, Distrito Federal e municípios – e suas autarquias e fundações – por exemplo, o Instituto Nacional de Segurança Social (INSS), a Fundação Nacional de Saúde (Funasa), o Departamento de Trânsito (Detran) etc.

A Advocacia Pública está submetida ao Poder Executivo (governos federal, estaduais e municipais), e possui estrutura própria para o exercício diário das atividades de representação judicial e de consultoria jurídica.

Um pouco de História

Antes da Constituição de 1988, não existia no Brasil uma Advocacia Pública como função essencial à Justiça. Quem defendia o Estado, quando este era processado, era o Ministério Público. Seguia-se assim a tradição francesa, em que o Ministério Público atuava como defensor da sociedade e do Estado.

No entanto, percebeu-se que o exercício de defesa do Estado muitas vezes provocava uma contradição na atividade do Ministério Público. De fato, a defesa do Estado nem sempre coincide com a defesa da sociedade. O interesse do Estado pode também ser diferente do interesse de um indivíduo ou de um grupo. Imaginemos um exemplo: o Estado resolve desapropriar a casa de alguém para construir uma estrada que passará pelo local, mas se dispõe a pagar uma soma inferior ao preço real do imóvel. Temos aí interesses conflitantes. Quando alguém entra na Justiça contra um hospital público por mau atendimento, ou quando o município entra na Justiça para cobrar impostos de uma empresa, ou ainda em muitas outras hipóteses, os interesses do Estado e da sociedade estão em oposição. Não poderiam, dessa forma, ser defendidos pela mesma instituição.

A Advocacia Pública após a Constituição de 1988

Ao criar a Advocacia Pública para exercer a defesa do Estado, retirando tal função do Ministério Público, a Constituição de 1988 resolveu a contradição existente até então.

Mesmo antes de 1988 já existiam Procuradorias nos estados. E elas guardam peculiaridades em sua história. No Rio de Janeiro, por exemplo, após a criação do estado da Guanabara em 1960, uma lei instituiu a carreira de procurador do estado, com 120 cargos, obtidos através de concurso público. A mesma lei determinou a organização da Procuradoria em sete órgãos especializados – Procuradoria Fiscal, Procuradoria de Desapropriações, Procuradoria de Assuntos de Pessoal, Procuradoria de Sucessões, Procuradoria de Serviços Públicos, Procuradoria Judicial e Procuradoria Administrativa –, além da criação de uma revista de Direito.

A fusão entre o estado da Guanabara e o antigo estado do Rio de Janeiro, em 1975, provocou a junção das Procuradorias dos dois estados na atual Procuradoria-Geral do Estado do Rio de Janeiro. Em 1980, surgiu a Lei Orgânica da Procuradoria-Geral do Estado, que atribuiu à instituição as regras válidas até os dias de hoje.

Estrutura da Advocacia Pública

A Advocacia Pública se organiza de acordo com o chamado princípio federativo. Isso significa que existem órgãos da Advocacia Pública vinculados a cada um dos entes da Federação: União, estados, Distrito Federal e alguns municípios.

A Advocacia Pública, sendo uma das funções essenciais à Justiça, é submetida ao Poder Executivo. Não é órgão do Poder Judiciário, pois não tem função de julgar, e sim de provocar a atuação da Justiça em defesa de entes públicos. O procurador do estado, como representante da administração pública, deve respeito à Constituição e à lei, e não à simples vontade do governante: trata-se de um procurador do estado, e não de um procurador do governador.

A Advocacia-Geral da União (AGU) é o órgão que representa a União em questões judiciais e extrajudiciais, fornecendo consultoria e assessoramento jurídico às instituições pertencentes ao Poder Executivo federal. A própria Presidência da República, seus ministérios e órgãos vinculados, serão assessorados pela AGU. O chefe dessa instituição é o advogado-geral da União, que é nomeado diretamente pelo presidente da República, sem necessidade de aprovação pelo Poder Legislativo. Isso ocorre porque há, aqui, uma relação de confiança – a mesma que se estabelece quando um indivíduo escolhe um advogado para patrocinar sua causa. De toda forma, o advogado-geral da União não pode ser confundido com um mero advogado-geral do presidente da República.

O advogado-geral da União nomeado pelo presidente deve ter notável saber jurídico e reputação ilibada, e ser maior de 35 anos. Os demais membros da AGU entram na carreira através de concurso público, no qual não há participação da Ordem dos Advogados do Brasil.

A chamada Lei Orgânica da Advocacia-Geral da União cuidou de forma minuciosa do braço contencioso da instituição, ou seja, dos processos perante o Judiciário, uma vez que já existia a Advocacia Consultiva da União, a qual tinha na Consultoria-Geral da República sua instância mais elevada, responsável pelas atividades de consultoria e assessoramento jurídicos do Poder Executivo.

Hoje, a AGU dispõe de órgãos de direção superior, como a Procuradoria-Geral da Fazenda Nacional (PGFN) e a Consultoria-Geral da União (CGU), que determinam as diretrizes da instituição. Possui também órgãos de execução, como as Procuradorias Regionais da União e as Consultorias Jurídicas nos Ministérios, que executam diretamente suas funções. Por último, a AGU possui órgãos vinculados – procuradorias e departamentos jurídicos de autarquias e fundações públicas federais –, que atuam especificamente nessas instituições. Assim como as demais atividades essenciais à Justiça, a AGU também tem representação em todo o país, com advogados da União espalhados em estados e municípios.

ADVOGADO

A palavra "advogado" vem do latim ad vocatus, *que significa "aquele que foi chamado", ou seja, aquele que o litigante chamava para que defendesse seus interesses em juízo. Na Roma antiga, o advogado também era chamado de "patrono", já que garantia a defesa processual de seu cliente em troca de seu voto ou de sua influência. Note-se que o cliente poderia ser um pobre indivíduo ou mesmo um rico político protegido pelo patrono e ligado a este por um dever recíproco de fidelidade.*

Hoje, no Brasil, somente pode ser chamado de advogado o indivíduo que é bacharel em Direito, ou seja, que cursou a Faculdade de Direito por cinco anos, e que foi aprovado no exame da Ordem dos Advogados do Brasil (OAB). Antes da obrigatoriedade da realização do exame da OAB, havia a figura do "rábula", indivíduo que não tinha formação acadêmica em Direito, mas recebia autorização do Poder Judiciário para defender os interesses de seus clientes em primeira instância.

Como órgão da Advocacia Pública da União, a PGFN é responsável pela execução judicial e extrajudicial da dívida ativa de natureza tributária da União (inadimplência de tributos). Em outras palavras, a PGFN promove a cobrança de impostos e outros tributos devidos à União, além da inscrição na Dívida Ativa do contribuinte que não paga os tributos. Em geral, a União será autora desse tipo de ação judicial.

A AGU e a PGFN têm atuação no Supremo Tribunal Federal, no Superior Tribunal de Justiça, na Justiça Federal e em outras áreas administrativas da União. Isso ocorre porque a atuação da Advocacia Pública pode ser judicial ou extrajudicial; logo, esses órgãos podem atuar em instâncias judiciais ou administrativas.

No âmbito estadual e distrital, as Procuradorias-Gerais dos Estados (PGEs) e do Distrito Federal (PGDF) defendem os entes públicos dessas unidades. Os chamados procuradores dos estados e do Distrito Federal ingressam na carreira através de concurso público, e devem ser necessariamente inscritos na Ordem dos Advogados do Brasil.

Não existe previsão de criação de uma Procuradoria da Fazenda para os estados e municípios, tal como a da União. Dessa forma, até mesmo na cobrança de tributos, atuarão as PGEs; e aos procuradores dos estados caberá a função de cobrar os impostos.

A Constituição refere-se apenas a advogados públicos federais (AGU e PGFN), estaduais (PGE) e distritais (PGDF). Apesar disso, pelo princípio da simetria – que determina que deve haver institutos semelhantes nos diversos entes federativos – os municípios também podem dispor de Procuradorias Municipais próprias para a defesa de seus interesses, como o fazem os municípios do Rio de Janeiro e de São Paulo. O ingresso também se faz mediante concurso de provas e títulos, o que permite estabilidade aos procuradores.

Atividade judicial e extrajudicial

A atividade da Advocacia Pública se subdivide em judicial e extrajudicial. Atividade judicial é a própria representação perante os tribunais. Em outros termos, é quando o advogado público atua efetivamente como um advogado em um processo, defendendo seu "cliente", que será sempre um ente público (União, estados, municípios e Distrito Federal). Na atividade extrajudicial, por seu turno, o advogado público pode elaborar pareceres, estudos, propor normas, medidas e diretrizes para o Poder Executivo do ente federativo a que pertença. A atividade, aqui, é de consultoria e assessoramento jurídico do Poder Executivo no que este precisar.

Na AGU, a atividade extrajudicial também contempla a formatação jurídico-constitucional das políticas públicas. Os advogados públicos auxiliam os gestores do Poder Executivo na elaboração de leis e diretrizes, conferindo legalidade às políticas de governo, dizendo o que pode ser feito para o cumprimento do programa de governo, de acordo com a lei e com a Constituição.

Os membros da Advocacia Pública não são equiparáveis aos membros do Ministério Público ou do Poder Judiciário. Eles não dispõem da chamada independência funcional. Isso porque os advogados públicos não têm escolha entre defender ou não o ente a que pertencem. Têm, contudo, ampla autonomia na atividade de consultoria, elaborando pareceres da forma que entendem segundo cada caso, sempre tendo por base a lei e a Constituição.

Se, por um lado, os advogados públicos não têm independência funcional, por outro, não se lhes exige imparcialidade. A relação estabelecida entre o presidente da República e o advogado-geral da União, como já foi dito, é uma relação de confiança. Da mesma forma que os advogados devem ser deliberadamente parciais em favor de seus clientes, assim podem ser os advogados públicos na defesa dos entes públicos.

A Advocacia Pública, portanto, é função essencial à Justiça que tem como objetivo a defesa dos interesses da União, dos estados, do Distrito Federal e dos municípios. Cabe-lhe fornecer consultoria indicativa da legalidade das políticas públicas dos governantes, e dizer se a Constituição está sendo obedecida. Ela age também nos tribunais, ingressando com ações para fazer valer os direitos dos entes públicos, ou defendendo-os quando são processados (qualidade de réu).

Pontos para reflexão

▲ Os advogados públicos defendem os entes públicos, aí compreendidos a União, os estados, os municípios, o Distrito Federal, as autarquias e as empresas públicas.
▲ A Advocacia Pública faz parte do Poder Executivo, sendo os advogados públicos recrutados mediante concurso público.
▲ Os advogados públicos são representantes da administração pública, devendo respeito à Constituição e às leis, e não à simples vontade do governante.
▲ A Advocacia Pública é exercida pela Advocacia-Geral da União (AGU), a Procuradoria-Geral da Fazenda Nacional (PGFN) e as Procuradorias-Gerais dos Estados (PGEs), do Distrito Federal (PGDF) e dos municípios.

I. 5. A ADVOCACIA PRIVADA

A Advocacia Privada, juntamente com o Ministério Público, a Defensoria Pública e a Advocacia Pública, é uma das funções essenciais à Justiça. Isso ocorre porque o advogado é um dos agentes que movimentam a máquina do Judiciário. O advogado leva o caso ao juiz para que este diga quem tem razão e decida em seu favor. Diz-se que o juiz é inerte: o princípio da inércia significa que não que cabe ao juiz buscar a solução dos problemas entre as pessoas, mas sim ao advogado, através do processo, levando a chamada "causa" para o julgamento. Isso ocorre porque o advogado possui a capacidade de postular, de demandar que o direito de seu cliente seja apreciado pelo juiz.

O advogado tem como função principal aconselhar juridicamente seu cliente, seja na prática de atos na Justiça, seja em questões da vida privada e profissional. Como o Direito envolve diversos aspectos da sociedade, as Faculdades de Direito oferecem grande número de disciplinas obrigatórias a todos os alunos, formando advogados "generalistas". Por isso, após a conclusão do curso de Direito, a especialização se torna necessária: formam-se então advogados tributaristas, especializados em Direito Tributário, por exemplo, enquanto outros se tornam penalistas, com atuação em questões que envolvem o Direito Penal.

Um pouco de História

Os advogados têm grande influência na história e na política brasileira. Muitos dos presidentes do país, assim como grande número de parlamentares, eram advogados, a exemplo de Rui Barbosa, Evandro Lins e Silva, Barbosa Lima Sobrinho e outras personalidades públicas. O conhecimento jurídico, apesar de não ser imprescindível, é importante para aqueles que elaboram as leis e lidam com a "coisa pública".

Historicamente, a elite brasileira enviava seus filhos para a Faculdade de Direito de Coimbra, em Portugal. Com a independência do Brasil, as Faculdades de Recife e São Paulo tornaram-se os pontos de encontro dos futuros dirigentes do país. A influência do chamado "bacharelismo jurídico" pode, aliás, ser percebida até hoje no Brasil. O escritor Machado de Assis, no seu livro *Esaú e Jacó* (1904), já mencionava que um de seus personagens, membro da elite brasileira, frequentava a Faculdade de Direito do famoso Largo de São Francisco, em São Paulo, responsável pela formação jurídica de algumas personalidades da história e da política do Brasil.

O número de inscritos em faculdades de Direito até hoje é alto, comparado com outras faculdades como as de Engenharia ou Economia, pois ainda temos uma influência histórica muito grande. Conta também o fato de a profissão ser bem-vista, por oferecer empregos bem-pagos e diversificados. De fato, há diretores e presidentes de grandes companhias que são formados em Direito. Toda uma gama de possibilidades se oferece ao bacharel: alguns se tornam advogados e trabalham em escritórios, empresas ou para o governo; outros exercem atividades no meio acadêmico; outros prestam concursos públicos para carreiras jurídicas ou não, entre inúmeras outras possibilidades.

A advocacia hoje é entendida como o exercício profissional da postulação, o que significa efetuar pedidos e levar demandas para qualquer órgão do Poder Judiciário. O advogado também exerce atividade de consultoria, assessoria e direção jurídicas. Logo, percebe-se que não é somente nos órgãos do Poder Judiciário, lidando com processos, que o advogado tem atuação, mas também no assessoramento jurídico de seus clientes.

O advogado atua na representação de pessoas físicas (naturais) e jurídicas em juízo ou fora dele, quando estas brigam entre si ou com o Estado. É o advogado que assegura a defesa dos interesses da parte na Justiça e que se ocupa da defesa dos direitos de seu cliente.

A Advocacia Privada após a Constituição de 1988

A Constituição de 1988 reconhece o exercício da advocacia como a prestação de um serviço público. Assim, o exercício da advocacia é a base para o exercício de todas as outras funções essenciais à Justiça (Ministério Público, Advocacia Pública e Defensoria Pública). Afinal, promotores de justiça, defensores e procuradores na realidade também advogam, cada qual com uma missão específica.

Os advogados, em regra, atuam em todas as instâncias, tanto nas Justiças estaduais quanto no Supremo Tribunal Federal e no Superior Tribunal de Justiça. Essa atuação mais ampla ocorre em vários países. Uma peculiaridade é identificada na Inglaterra: lá existem os *barristers* e os *solicitors*. Os primeiros atuam nos tribunais superiores; já os outros atuam nas instâncias inferiores, relacionando-se diretamente com seus clientes. No Brasil não há tal diferenciação. O advogado está apto a atuar em qualquer tribunal, seja perante o juiz de primeiro grau, os desembargadores de segundo grau, ou mesmo perante os ministros dos Tribunais Superiores.

A Ordem dos Advogados do Brasil (OAB)

No Brasil, os cursos de Direito não formam advogados – assim como não formam juízes, promotores, defensores, procuradores etc. Formam bacharéis. Advogado é somente aquele que, após concluir os cinco anos da Faculdade de Direito, tem seu nome inscrito nos quadros da Ordem dos Advogados do Brasil ao ser aprovado em uma prova de aferição de seus conhecimentos.

A OAB é a entidade que representa os advogados do país. Algumas de suas funções são de caráter público, como a possibilidade de propor ações diretas de inconstitucionalidade perante o Supremo Tribunal Federal e de dar diretrizes para o currículo das Faculdades de Direito. A sede da OAB fica em Brasília, mas cada estado da Federação possui uma seção da Ordem.

Aliás, não é só no Brasil que se exige uma prova para o exercício da advocacia. Nos EUA, os bacharéis precisam passar no *National Bar Examination* para exercer a profissão de advogado. Na França, a inscrição no *Barreau* também está condicionada ao exame, que é muito concorrido e difícil, sendo a taxa de aprovação de apenas 30%. No Brasil, o exame é unificado em todo o território nacional, sendo aplicada uma única prova, dividida em duas fases, em todos os estados, no mesmo dia e hora.

Na Alemanha também é exigida uma prova para os advogados, mas o sistema é um pouco diferente. Lá, a primeira prova (*Staatsexam*) exige conhecimentos gerais de Direito. Ao passar nessa prova, o candidato obtém o título de jurista (*Jurist ou Referendar*). Depois há uma segunda prova, para que os "juristas" se tornem "juristas por inteiro". Ao passar na segunda prova, dependendo de sua classificação, os juristas poderão virar juízes, procuradores do Estado, advogados. Entre as provas, os juristas têm a oportunidade de trabalhar durante um ano e meio nessas especialidades. Assim como nos Estados Unidos, na Alemanha cada estado aplica sua prova de uma maneira.

No Brasil, a Ordem dos Advogados não é uma simples entidade de classe, muito menos um sindicato dos advogados. A OAB tem a função de regular o exercício da profissão, desde a aprovação de novos advogados até o controle ético do exercício da advocacia. Pode punir os advogados que violarem as normas do Código de Ética e Disciplina da OAB, assim como o que é estabelecido pelo Estatuto da Advocacia e da Ordem. Essa punição inclui até o cancelamento do registro do profissional junto à Ordem, se, por exemplo, o advogado for condenado por "crime infamante", assim entendidos o estelionato, a falsificação de documentos e a falsidade ideológica, entre outros que atestem a "inidoneidade moral" do advogado.

A OAB também tem outras atuações além da representação da classe dos advogados. A entidade, por exemplo, é uma das titulares do poder de ingressar no STF com ação para discutir a constitucionalidade de uma lei. Além disso, a OAB é uma instituição com histórico de participação decisiva em movimentos cívicos e democráticos do país. Já lançou, por exemplo, uma campanha pela abertura dos arquivos da ditadura militar, defendendo que "anistia não é amnésia". A OAB também desempenhou um papel importante durante o período da ditadura, defendendo os presos políticos e zelando pelo cumprimento das prerrogativas institucionais dos advogados inscritos em seus quadros.

O Supremo Tribunal Federal já se pronunciou quanto à natureza da OAB, sustentando que se trata de um "serviço público independente, categoria ímpar no elenco das personalidades jurídicas do Direito brasileiro". A OAB não faz parte da administração pública nem se submete a qualquer ente público. É financiada por meio da cobrança de uma taxa anual (anuidade) aos advogados inscritos, prestando serviços de assistência jurídica, entre outros.

Advogados lidam com a liberdade e o patrimônio alheio, com os direitos da sociedade, e são os responsáveis por utilizar todos os meios que o Direito lhes permite para realizar a Justiça. A participação e a intervenção da classe dos advogados, dessa forma, são essenciais à vida de um Estado Democrático de Direito. À advocacia é garantido o sigilo profissional, além da inviolabilidade de seus atos e manifestações no exercício de suas funções, conforme está consagrado na Constituição.

Pontos para reflexão

▲ Os advogados privados têm a função de defender os direitos das pessoas, seja perante o Poder Judiciário, seja em qualquer outra esfera em que se evidencie violação dos seus direitos.
▲ Advogado é um bacharel em Direito (aquele que cursou a Faculdade de Direito) que se submeteu ao exame da Ordem dos Advogados do Brasil.
▲ A Constituição de 1988 reconhece o exercício da advocacia como a prestação de um serviço público.
▲ A Ordem dos Advogados do Brasil é a entidade representativa dos advogados, com algumas funções de caráter público, como a propositura de ação direta de inconstitucionalidade de uma lei perante o Supremo Tribunal Federal e a fiscalização do exercício da profissão.

CAPÍTULO II

OS MEMBROS DA JUSTIÇA

II. 1. OS MEMBROS DO PODER JUDICIÁRIO

Os chamados membros do Poder Judiciário são, genericamente, os magistrados. Contudo, o Brasil optou por adotar termos diferentes para designar os inúmeros julgadores atuantes no território nacional. O modelo americano, por exemplo, torna a identificação dos membros da Justiça nos EUA mais fácil: há o juiz estadual, o juiz federal, o juiz do Trabalho, o juiz do Tribunal e o juiz da Suprema Corte. Já o modelo brasileiro é mais complexo: temos o juiz estadual, o juiz federal, mas também o desembargador, o ministro do Superior Tribunal de Justiça e o ministro do Supremo Tribunal Federal, entre outros.

É difícil compreender e até mesmo explicar a razão de tamanha variação. No intuito de elucidar as complexidades terminológicas da Justiça brasileira, cada designação será tratada em separado. Antes, porém, serão apresentadas as características gerais da magistratura – ou seja, do conjunto de juízes que compõem o Poder Judiciário.

A magistratura

Como se sabe, o Poder Judiciário é o único dos poderes em que não há eleição para a composição de seus órgãos. Presidente da República, governadores, prefeitos, senadores, deputados, vereadores são eleitos, mas não juízes. Essa peculiaridade decorre da natureza técnica do exercício da jurisdição. Para exercer a função de julgar é necessário que haja uma capacitação específica, para que a sociedade não fique à mercê de opiniões e gostos pessoais. É necessário que os magistrados disponham de um conhecimento jurídico devidamente avaliado, e por essa razão o ingresso na carreira só é possível mediante um concurso público altamente seletivo. Antes de propriamente exercer suas funções, o juiz recebe um treinamento específico, com a simulação de audiências e a análise de casos práticos nas chamadas Escolas de Magistratura. É importante assinalar que o juiz é antes de tudo um servidor público, devendo zelar pelo cumprimento de suas funções e pelo interesse público.

Ao exercer a função jurisdicional, o juiz toma decisões que repercutem no meio social, influem no patrimônio e na vida das pessoas. Desse modo, quando a lei é omissa ou silente, ou seja, quando ela não prevê determinada situação jurídica, o juiz deve decidir o caso com base na analogia, nos costumes e princípios gerais do Direito. É importante destacar que toda decisão judicial deve ser motivada; em outros termos, para respeitar a ordem jurídica, toda decisão judicial deve trazer os fundamentos que motivaram o juiz a decidir daquela maneira. Por isso mesmo a formação dos magistrados deve ir além do conhecimento das leis e dos textos jurídicos. Eles devem estar abertos à sociedade, à sua evolução e aos interesses políticos, sociais, culturais e econômicos legítimos da população.

Ao ingressar na carreira da magistratura, o primeiro cargo que o estreante exerce é o de juiz substituto. Conforme a disponibilidade de vagas, o juiz substituto torna-se juiz do interior e depois juiz da capital. Durante dois anos de exercício da profissão, o juiz está no chamado estágio probatório e pode perder seu cargo se o tribunal assim deliberar. Passado esse período, mediante avaliação dos tribunais, o juiz alcança a chamada vitaliciedade, quando só poderá perder o cargo por decisão judicial definitiva.

Os juízes são promovidos pelos critérios de merecimento e antiguidade. O merecimento terá como base a produtividade do juiz no exercício de suas funções e seu desempenho em cursos oficiais de aperfeiçoamento. A antiguidade, como se deduz, será medida pelo tempo em que o juiz se encontra no exercício de suas funções. A promoção ocorre ou de entrância para entrância, ou seja, quando o juiz vem do interior para a capital, ou de instância para instância, quando ela é vertical – por exemplo, quando o juiz vira desembargador.

O magistrado não exerce sua função livremente; ao contrário, sofre muitas limitações, seja do Poder Legislativo, do Poder Executivo ou, principalmente, da sociedade. Quando há uma decisão com a qual a parte não concorda, ela pode recorrer ao tribunal. Isso garante à parte insatisfeita a revisão da decisão do processo em função da qual ela se sente injustiçada, caracterizando o chamado duplo grau de jurisdição.

Todas as decisões e todo processo judicial devem ser sempre corretos e democráticos, já que a ordem jurídica do país é regida pela democracia. Isso significa que os magistrados devem observar os princípios e diretrizes da Constituição. São exemplos os princípios da motivação e da publicidade das decisões. O primeiro exige que toda decisão seja fundamentada, de acordo com a lei, a doutrina e a jurisprudência. Já o princípio da publicidade determina que todas as decisões tomadas no processo devem ser públicas e acessíveis a todos. Admitem-se exceções quando a divulgação de algumas informações pode expor a intimidade das pessoas envolvidas: é o caso dos processos de investigação de paternidade, separação, guarda de filhos, alimentos e outros processos das varas de família, cujo sigilo judicial é fundamental para proteger a honra e a intimidade das pessoas envolvidas. Todos esses princípios constituem diretrizes que os juízes devem respeitar em suas decisões para assegurar que cumprirão bem seu papel.

Garantias e vedações dos magistrados

As garantias são algumas regras que protegem o juiz, para que ele possa bem exercer sua função. Vedações, por sua vez, são limites que a própria função impõe ao juiz. É preciso entender, primeiramente, os motivos pelos quais a Constituição prevê garantias e vedações à magistratura. O Poder Judiciário não pode estar sob influência política ou econômica. Para que isso não ocorra, é necessária a garantia da independência do juiz, é preciso que não haja qualquer submissão hierárquica em suas decisões. O juiz deve ser independente para decidir, sempre de acordo com a lei e com a sua consciência. É importante lembrar que as garantias não são privilégios conferidos aos magistrados, e sim meios de assegurar a independência e a autonomia do Poder Judiciário, formas de proteção da própria sociedade. Quanto às vedações, os juízes não podem exercer outro cargo ou função, exceto a de professor; receber algum valor pela participação em processo; dedicar-se à atividade político-partidária; após a aposentadoria, exercer a advocacia no juízo em que atuou (poderá fazê-lo somente após três anos de afastamento da magistratura); receber auxílios ou contribuições de indivíduos ou instituições públicas ou privadas.

Os magistrados possuem as seguintes garantias constitucionais: vitaliciedade, inamovibilidade, irredutibilidade de subsídios (salário), autonomia funcional, administrativa e financeira. Em razão da vitaliciedade, adquirida após dois anos de exercício da atividade, os juízes só podem perder o cargo mediante decisão judicial irrecorrível (com trânsito em julgado). A partir do princípio da inamovibilidade, é garantida aos juízes a permanência no local onde residem e exercem suas funções já como magistrados. Assim, não há possibilidade de eles serem removidos de acordo com o interesse de um ou de outro, pelo fato de lhes estarem desagradando. A irredutibilidade dos subsídios, por sua vez, significa que o valor recebido pelos juízes como retribuição pelo seu trabalho (salário) é irredutível. Algumas regras constitucionais tratam dos limites e do teto de remuneração de todos os agentes públicos. Respeitadas todas essas disposições, não pode haver redução de ganho mensal (chamado de subsídio), para que os juízes não estejam sujeitos às variações políticas dos membros do Poder Legislativo ou Executivo.

Existem ainda garantias conferidas a todo o Poder Judiciário como instituição. São as autonomias funcional, administrativa e financeira do Judiciário. Autonomia funcional significa ausência de submissão do Poder Judiciário aos demais órgãos públicos, já que não é permitido a nenhum outro intervir nas decisões dos tribunais. Sendo assim, o presidente da República não pode rever uma decisão do Supremo Tribunal Federal, e o governador de estado também não pode rever ou anular uma decisão de um desembargador proferida no âmbito do Tribunal de Justiça. A decisão judicial pode ser questionada pelos meios legais, mas não se submete à anulação de outro poder da República. Somente o próprio Poder Judiciário pode rever suas decisões: por exemplo, o Tribunal de Justiça pode modificar a decisão de um juiz.

Através de sua autonomia administrativa, os tribunais organizam suas secretarias e seus serviços, admitem novos juízes e propõem a criação de novas varas. Toda essa administração interna dos tribunais é regulamentada por eles próprios, através de seus regimentos internos. Já a autonomia financeira garante que os próprios tribunais elaborem a proposta de seus orçamentos, dentro dos limites estipulados pelos demais poderes. Além disso, é assegurado que os valores arrecadados pelos órgãos judiciais sejam revertidos para o custeio de serviços da própria Justiça.

Esses princípios e vários outros são observados por cada magistrado na hora de proferir uma decisão, que por sua vez decorre da análise que o magistrado faz dos fatos daquele caso, das matérias e dos assuntos envolvidos, e do direito questionado. Desse modo, o juiz deve decidir com base nas provas apresentadas, garantindo que todas as partes envolvidas tenham a oportunidade de falar e se manifestar no processo judicial. A análise das provas permite que o juiz tenha a certeza do que ocorreu, e não favoreça questões pessoais e arbitrariedades. É observando cada caso concreto, com todos os aspectos, detalhes e exceções existentes no processo que se garante a decisão mais justa possível, ainda assim com uma certeza: em uma disputa judicial entre duas pessoas, em que cada uma, sob o seu ponto de vista, detém a razão, um sempre sairá insatisfeito.

Ministros do Supremo Tribunal Federal (STF)

O STF é composto por 11 ministros, que são escolhidos pelo presidente da República e não precisam necessariamente ser magistrados de carreira, isto é, ter feito concurso para juiz. Podem ser advogados, promotores, defensores ou juízes, sendo exigido: a) ser brasileiro nato; b) ter mais de 35 e menos de 65 anos de idade; c) ser grande conhecedor do Direito; e d) ter boa reputação. Após a escolha do nome pelo presidente da República o indicado é sabatinado (entrevistado) pelo Senado Federal e, após a aprovação, nomeado ministro do STF.

Os ministros do STF não possuem um mandato; deixam a função de ministro por força da aposentadoria compulsória, aos 70 anos de idade. Um ministro pode assim exercer a função por mais de 20 anos, caso seja nomeado antes dos 50 anos de idade. Existe um episódio interessante a respeito do tempo de atuação dos ministros do STF na história do Brasil: em 25 de novembro de 1893, o médico Cândido Barata Ribeiro, que havia sido prefeito do Distrito Federal (dezembro de 1892 - maio de 1893) e fora nomeado ministro do Supremo, tomou posse. Quase um ano depois, em sessão secreta do Senado, foi negada a aprovação de seu nome, por ter sido considerado desatendido o requisito de "notável saber jurídico". Naquele tempo, a sabatina podia ocorrer depois da posse. Com o "não" dos senadores, Barata Ribeiro foi obrigado a abandonar o posto no dia 24 de setembro de 1894. Assim, foi ministro do STF por apenas dez meses.

Um dos 11 ministros do STF, escolhido por seus pares, deve ocupar o cargo de presidente do Supremo Tribunal Federal. Embora a principal atribuição do presidente do STF seja a de julgar, tal qual os demais ministros, como chefe administrativo de uma repartição pública ele também deve exercer algumas funções administrativas.

Os ministros do STF são responsáveis por julgar questões que violam a Constituição brasileira. Como foi dito anteriormente, pode haver conflito de direitos previstos no texto constitucional. A utilização de células-tronco para pesquisas científicas, a descriminalização do aborto, a liberalização do uso de drogas, as políticas afirmativas de cotas em universidades públicas são exemplos de questões polêmicas que devem ser decididas pelos chamados "juízes constitucionais". Recentemente, os ministros do STF ganharam destaque na mídia com o julgamento do "mensalão" (Ação Penal 470), condenando alguns políticos pela prática de crimes de corrupção, enriquecimento ilícito e outros delitos correlacionados.

MINISTRO DO STF E MINISTRO DA JUSTIÇA

O ministro do Supremo Tribunal Federal não pode ser confundido com o ministro da Justiça. O uso da mesma palavra para designar os dois cargos provoca confusão, tanto é assim que muitos professores estrangeiros não entendem quem é o ministro da Justiça no Brasil.

O ministro da Justiça é um integrante do Poder Executivo, ligado ao presidente da República, com funções apenas executivas, sem qualquer função jurisdicional. Cabem-lhe as seguintes atribuições: I - defesa da ordem jurídica, dos direitos políticos e das garantias constitucionais; II - política judiciária; III - direitos dos índios; IV - entorpecentes, segurança pública, Polícia Federal, Rodoviária Federal e Ferroviária Federal e do Distrito Federal; V - defesa da ordem econômica nacional e dos direitos do consumidor; VI - planejamento, coordenação e administração da política penitenciária nacional; VII - nacionalidade, imigração e estrangeiros; VIII - ouvidoria-geral dos índios e do consumidor; IX - ouvidoria das Polícias Federais; X - assistência jurídica, judicial e extrajudicial, integral e gratuita, aos necessitados, assim considerados em lei; XI - defesa dos bens e dos próprios da União e das entidades integrantes da administração pública federal indireta; XII - articulação, coordenação, supervisão, integração e proposição das ações do Governo e do Sistema Nacional de Políticas sobre Drogas nos aspectos relacionados com as atividades de prevenção, repressão ao tráfico ilícito e à produção não autorizada de drogas, bem como aquelas relacionadas com o tratamento, a recuperação e a reinserção social de usuários e dependentes e ao Plano Integrado de Enfrentamento ao Crack e outras Drogas; XIII - coordenação e implementação dos trabalhos de consolidação dos atos normativos no âmbito do Poder Executivo; XIV - prevenção e repressão à lavagem de dinheiro e cooperação jurídica internacional; XV - política nacional de arquivos; XVI - assistência ao presidente da República em matérias não afetas a outro ministério.

Ministros do Superior Tribunal de Justiça (STJ)

O STJ, também chamado de "Tribunal da Cidadania", é composto por 33 ministros. Como os ministros do STF, os do STJ são escolhidos pelo presidente da República, devem se submeter à aprovação do Senado Federal e devem ter entre 35 e 65 anos, podendo permanecer no cargo até os 70 anos. Há, porém, uma diferença importante: no STF, os ministros devem ser brasileiros natos; no STJ, basta a nacionalidade brasileira, originária ou adquirida. A exigência imposta aos ministros do STF se deve à possibilidade de qualquer um deles, na condição de presidente do Tribunal, vir a ocupar a presidência da República, já que, caso os cargos de presidente e vice-presidente da República fiquem vagos ao mesmo tempo, assumirão a chefia do Poder Executivo federal, nessa ordem, o presidente da Câmara dos Deputados, o presidente do Senado Federal e o presidente do STF. E a Constituição não permite que um brasileiro naturalizado assuma a presidência da República.

A origem dos 33 ministros do STJ será a seguinte: um terço de juízes oriundos dos Tribunais Regionais Federais, indicados pelos respectivos tribunais; um terço de desembargadores originários dos Tribunais de Justiça Estaduais, igualmente indicados pelos respectivos tribunais; um terço de advogados e membros dos Ministérios Públicos Federal, Estadual, do Distrito Federal e Territórios. Este último terço tem a mesma origem do chamado "quinto constitucional", de que se falará a seguir.

Os ministros do STJ são responsáveis pela aplicação e uniformização das leis federais em todo o território nacional, seguindo os princípios constitucionais e a defesa do Estado de Direito. Cabe-lhes também dirimir as eventuais divergências entre os Tribunais de Justiça Estaduais e os Tribunais Regionais Federais.

Juízes e desembargadores

Os que ingressam na carreira da magistratura são desde o início integrantes da Justiça Estadual, Justiça Federal, Justiça do Trabalho ou Justiça Militar. Como não existe transferência de uma estrutura para outra, se alguém faz concurso e se torna juiz federal, não poderá participar de órgãos da Justiça Estadual. O inverso também é conhecido como verdadeiro. Há um concurso específico para cada instituição.

JUÍZES DA SUPREMA CORTE

Nos Estados Unidos também existe um tribunal responsável pelo julgamento de questões constitucionais, denominado Supreme Court *(Suprema Corte). A Suprema Corte, prevista na Constituição Americana de 1787 e criada em 1789, é composta por nove juízes (denominados* justices*). A primeira Constituição republicana brasileira, de 1891, reproduziu no Brasil o modelo de escolha dos juízes americanos, por indicação do presidente da República e aprovação pelo Senado Federal. A Suprema Corte dos EUA foi responsável pelo julgamento de casos emblemáticos, como o dos direitos civis dos negros e o das liberdades civis, entre outros.*

Os Tribunais Regionais Federais, assim como os Tribunais de Justiça Estaduais, do Distrito Federal e Territórios, não são formados apenas por juízes de carreira, já que estão sujeitos à regra do "quinto constitucional". Tal regra, instituída pelo art. 94 da Constituição, determina que um quinto dos desembargadores desses tribunais será ocupado por membros do Ministério Público com mais de dez anos de carreira e por advogados de notório saber jurídico, reputação ilibada e mais de dez anos de exercício da advocacia. O objetivo é trazer para o tribunal visões de pessoas que fazem parte da engrenagem da Justiça, mas que vêm de fora do corpo judiciário.

DESEMBARGADOR

No Brasil colônia, os recursos interpostos contra as decisões dos ouvidores passavam pelos governadores das capitanias, podendo chegar até a Corte de Lisboa para análise do rei. Esses recursos ficavam retidos em gavetas, e o rei contava com auxiliares para a apreciação de tais petições – os chamados desembargadores do Paço. Eram os desembargadores, portanto, os juízes que removiam os embargos, as dificuldades que impediam as petições de chegar ao rei.

A escolha daqueles que compõem o "quinto constitucional" dos tribunais federais ou estaduais é feita da seguinte forma: a Ordem dos Advogados do Brasil e o Ministério Público formam, cada um, uma lista com seis nomes para enviá-la ao tribunal em que a vaga está disponível. O tribunal recebe a lista e realiza nova votação, a fim de eliminar três nomes e manter apenas uma lista tríplice. Por último, a lista tríplice é remetida ao governador do estado, em se tratando de tribunal estadual, ou ao presidente da República, em se tratando de tribunal federal, aos quais cabe nomear um dos indicados.

O funcionamento dos tribunais é disciplinado pelo seu regimento interno, e geralmente os Tribunais de Justiça Estaduais e os Tribunais Regionais Federais distribuem desembargadores em câmaras ou turmas especializadas, que têm caráter colegiado e podem julgar a matéria com maior rigor técnico. Tal preocupação assegura que a decisão judicial na apreciação do recurso seja técnica, materializada por meio de um acórdão.

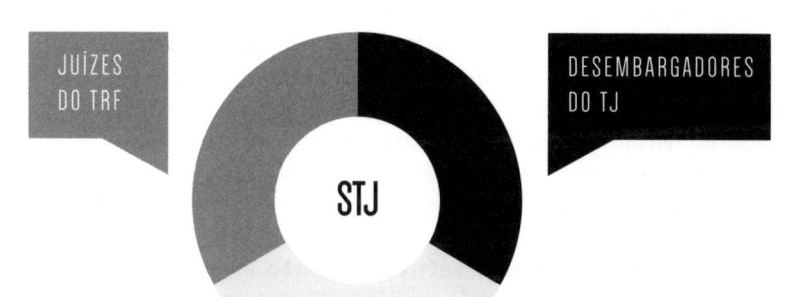

JUÍZES DO TRF

DESEMBARGADORES DO TJ

STJ

ADVOGADOS E MEMBROS DOS MINISTÉRIOS PÚBLICO FEDERAL, DO DISTRITO FEDERAL E DOS TERRITÓRIOS ("QUINTO CONSTITUCIONAL")

II. 2. OS MEMBROS DO MINISTÉRIO PÚBLICO

Os membros do Ministério Público são os procuradores e os promotores. Genericamente, procurador (ou, como disposto no Código Civil, mandatário) é a pessoa que representa outra por meio de uma procuração, agindo em seu nome. Assim, o advogado recebe uma procuração na qual seu cliente o autoriza a representá-lo em juízo. Já no âmbito do poder público, o procurador é o representante de um interesse público.

O Ministério Público Federal (MPF), por exemplo, é composto por procuradores da República, assim chamados porque são os representantes dos interesses da coisa pública, ou seja, dos interesses da coletividade. No entanto, os promotores de justiça, membros dos Ministérios Públicos dos Estados (MPEs), também defendem os interesses públicos, o que demonstra a impropriedade dos termos utilizados – melhor seria falar em "promotor de justiça federal" e "promotor de justiça estadual". Há ainda outra distinção entre os membros dos MPEs, conforme a instância em que atuam: os promotores de justiça atuam na primeira instância, e os procuradores de justiça na segunda instância. Em regra, os promotores de justiça atuam junto aos juízes, e os procuradores junto aos Tribunais de Justiça dos estados. Também aqui se estabelece a confusão terminológica: melhor seria falar em "promotor de justiça" e "promotor de justiça do Tribunal".

Mais uma vez no intuito de elucidar tais variações, será examinada a seguir a composição dos diferentes órgãos do Ministério Público. Observe-se que o ingresso na carreira se dá mediante concurso público e que os aprovados gozam das mesmas garantias e prerrogativas da magistratura expostas anteriormente (vitaliciedade, inamovibilidade e irredutibilidade de subsídios, autonomia funcional, administrativa e financeira).

Ministério Público da União (MPU)

O chefe de todo o MPU é o procurador-geral da República (PGR). O PGR deve ter mais de 35 anos e ser membro de qualquer dos ramos do MPU – Ministério Público Federal (MPF), Ministério Público do Trabalho (MPT), Ministério Público Militar (MPM) ou Ministério Público do Distrito Federal e Territórios (MPDFT). É nomeado pelo presidente da República após aprovação do Senado Federal, e ocupa o cargo por dois anos, podendo ser livremente reconduzido por igual período. Só pode ser destituído da mesma maneira como é nomeado: pelo presidente da República, após a aprovação de sua destituição pelo Senado.

Como se observa, o PGR é escolhido politicamente, por indicação. Ele atua junto ao STF e ao Tribunal Superior Eleitoral (TSE) – neste, na qualidade de procurador-geral eleitoral. Além de chefe do MPU, o PGR é também chefe direto do MPF.

Além do PGR, cada um dos órgãos do MPU possui uma chefia direta, escolhida pelo próprio PGR. Dessa forma, tem-se:

	CHEFIA	ATUAÇÃO
MINISTÉRIO PÚBLICO DO TRABALHO	PROCURADOR-GERAL DO TRABALHO	TST
MINISTÉRIO PÚBLICO MILITAR	PROCURADOR-GERAL DA JUSTIÇA MILITAR	STM
MINISTÉRIO PÚBLICO DO DF	PROCURADOR-GERAL DE JUSTIÇA DO DISTRITO FEDERAL	TJDF

Abaixo do PGR na hierarquia administrativa do MPU estão os subprocuradores-gerais da República – lembrando que a subordinação é apenas administrativa, pois a independência funcional impede qualquer tipo de interferência em suas atividades. Os subprocuradores, diferentemente do PGR, chegam ao cargo através de promoção. Trata-se, portanto, do último nível da carreira do MPU.

Procuradores regionais são membros do MPU que chegam a esse nível, o segundo na carreira, através de promoção. Sua atuação se dá nos Tribunais Regionais Federais (TRFs), onde ocupam o mesmo patamar que os juízes federais.

O primeiro nível na carreira do MPF e do MPT é o de procurador – qualquer pessoa que faça concurso e entre para um desses dois órgãos começa como procurador da República ou procurador do Trabalho. O concurso é altamente concorrido, e o conteúdo do edital abrange um grande número de matérias, devido às múltiplas atribuições dos procuradores. Já no MPM, o cargo de procurador da Justiça Militar é o segundo nível na carreira, sendo o primeiro o de promotor militar. Observe-se ainda que somente o MPM e o MPDFT, dentro do MPU, possuem promotores.

Deve-se lembrar que cada estado da Federação possui um Tribunal Regional Eleitoral (TRE), mas que em todo o Brasil existem apenas cinco TRFs. Dessa forma, nos estados que forem sede de um TRF haverá procuradores regionais que atuarão também no TRE. Já nos estados que não forem sede de um TRF, os procuradores da República atuarão no TRE.

É importante observar, finalmente, que, além dos procuradores da República, membros do Ministério Público, existem também os procuradores da Advocacia Pública. Os procuradores do estado, como o próprio nome demonstra, são os representantes dos interesses dos estados da Federação. Juntamente com os procuradores do município e os advogados da União, fazem parte da Advocacia Pública. Assim, procuradores da República e procuradores do estado pertencem a órgãos diferentes – Ministério Público e Advocacia Pública – e representam interesses distintos, muitas vezes opostos. Por exemplo, o procurador da República pode ingressar com uma ação ante o estado por entender que este ocupa uma área de proteção ambiental federal. A defesa do estado será efetuada pelo procurador do estado.

Hierarquia administrativa do Ministério Público da União

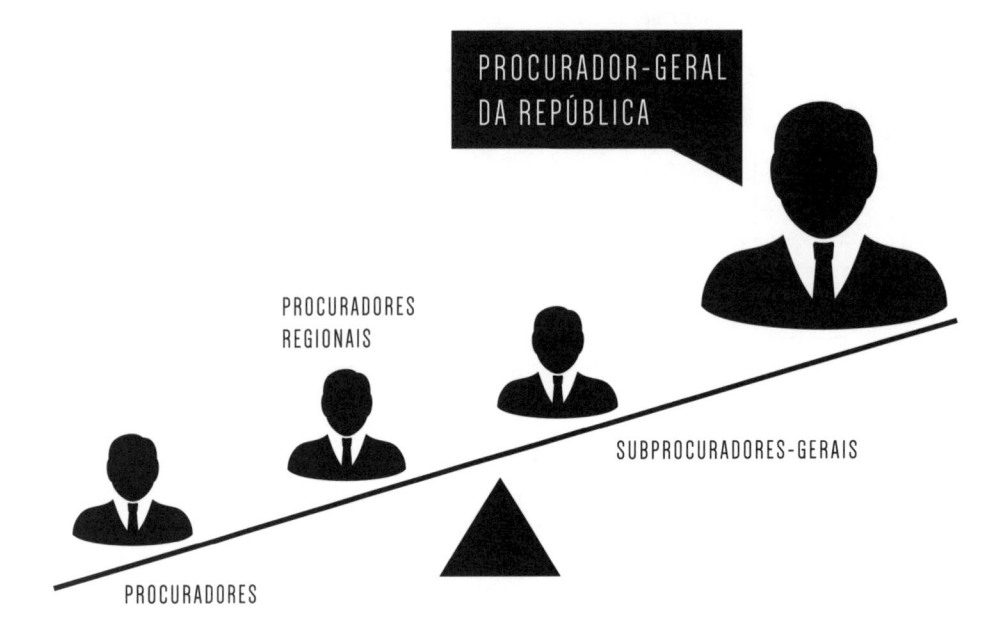

PROCURADOR-GERAL DA REPÚBLICA

PROCURADORES REGIONAIS

SUBPROCURADORES-GERAIS

PROCURADORES

O Colégio de Procuradores em geral é o órgão composto por todos os membros da carreira em atividade. É o órgão mais alto na hierarquia administrativa de cada um dos ramos do Ministério Público, que decide questões de relevância para a instituição. Quando é composto por certo número de membros, pode formar o chamado Órgão Especial. Trata-se de um órgão de composição reduzida, que exerce funções delegadas pelo Colégio de Procuradores.

O Conselho Superior, por sua vez, é integrado por um número mais restrito de membros, eleitos pelos demais. Possui funções relacionadas à administração da própria carreira dos membros, como as decisões sobre concurso, promoção, vitaliciamento etc. Está hierarquicamente abaixo do Colégio de Procuradores e de seu Órgão Especial, quando houver.

Portanto, os membros do MPU têm independência para atuar, e não se vinculam aos preceitos definidos pelo PGR. Atuam prioritariamente na promoção dos direitos consagrados na Constituição e na defesa dos interesses da coletividade.

Ministérios Públicos dos Estados (MPEs)

Os MPEs têm como chefe o procurador-geral de justiça (PGJ). O PGJ de cada estado é nomeado pelo governador a partir de uma lista de três nomes elaborada mediante eleição pelos demais membros do MPE, sem intervenção da Assembleia Legislativa ou de qualquer outro órgão. Exerce um mandato de dois anos, renovável por igual período, e pode ser destituído pela maioria dos membros da Assembleia Legislativa, sem a intervenção do governador.

Os procuradores de justiça são membros do MPEs que atuam junto aos tribunais, segunda instância do Poder Judiciário, no mesmo patamar dos desembargadores. São também o segundo e último cargo na carreira dos MPEs, pois o cargo de procurador-geral é preenchido por escolha política – nenhum membro de um MPE atinge o cargo de chefe da instituição apenas por promoção. Tampouco existe ascensão de membros dos MPEs a membros do MPU, pois, apesar de o Ministério Público ser um só, são órgãos diferentes, com critérios de ingresso e carreiras distintas.

Os promotores de justiça representam o primeiro cargo do MPE. Atuam na primeira instância da Justiça estadual, seja como fiscais da lei ou como autores de ação penal ou ação coletiva para a proteção do meio ambiente, do consumidor ou do patrimônio público, entre outros interesses chamados de difusos.

Hierarquia administrativa do Ministério Público da União

II. 3. OS MEMBROS DA DEFENSORIA PÚBLICA

Os defensores públicos são personagens essenciais na promoção dos direitos das pessoas carentes em nossa sociedade. Para se tornar um defensor é necessário ser formado em Direito, com no mínimo dois anos de experiência em atividades jurídicas e aprovação em concurso público. A atuação do defensor se dá na primeira e segunda instâncias dos tribunais. Como a Defensoria Pública é um órgão independente e com uma missão específica, atua sempre em favor dos assistidos (pessoas que não podem pagar advogados particulares), ainda que a ação seja contra algum órgão da União ou do estado.

Defensoria Pública da União (DPU)

A DPU é o ramo da Defensoria que atua junto ao STF, ao STJ, à Justiça Federal, à Justiça do Trabalho, à Justiça Eleitoral e à Justiça Militar da União. A DPU cuida de questões relativas ao INSS, às Forças Armadas ou outros órgãos federais. Problemas trabalhistas, por sua vez, geralmente são resolvidos no âmbito dos sindicatos, podendo estes representar seus trabalhadores judicialmente.

Como atua em causas de interesse da União, a DPU precisa ter representantes em cada estado da Federação. Isso significa que no estado de Alagoas, por exemplo, existe uma Defensoria Estadual e também representantes da DPU. Para sua melhor organização, a DPU se estrutura segundo áreas de atuação.

O defensor público geral é o chefe da DPU. É nomeado pelo presidente da República após aprovação pelo Senado Federal, e escolhido entre os membros da carreira maiores de 35 anos de idade. Os subdefensores públicos gerais têm, entre outras atribuições, a de substituir o primeiro em suas ausências e impedimentos.

O Conselho Superior da DPU é formado pelo defensor público geral, pelo subdefensor público geral, pelo corregedor-geral federal e por representantes da carreira eleitos por todos os membros integrantes da DPU. O Conselho Superior tem o poder de elaborar normas administrativas que valem para toda a DPU. Já a Corregedoria-Geral da DPU é encarregada da fiscalização da atividade funcional e da conduta dos membros e dos servidores da DPU. O corregedor-geral é indicado entre os integrantes da classe mais elevada da carreira pelo Conselho Superior e nomeado pelo presidente da República para um mandato de dois anos.

A DPU atua em todas as Justiças que não forem estaduais ou distritais, organizando-se por meio de núcleos, subdivisões internas quanto à área de atuação – um dos mais requisitados, por exemplo, é o Núcleo de Fazenda Pública.

Uma questão importante é que a DPU, na realidade, faz parte do Poder Executivo e está vinculada ao Ministério da Justiça. Por isso, não possui autonomia administrativa nem orçamentária. Em outras palavras, as questões financeiras e de gestão estão vinculadas ao Ministério da Justiça e ao Poder Executivo Federal. O mesmo não ocorre com as Defensorias Públicas dos Estados: elas dispõem de autonomia, constitucionalmente prevista.

Organograma da Defensoria Pública da União

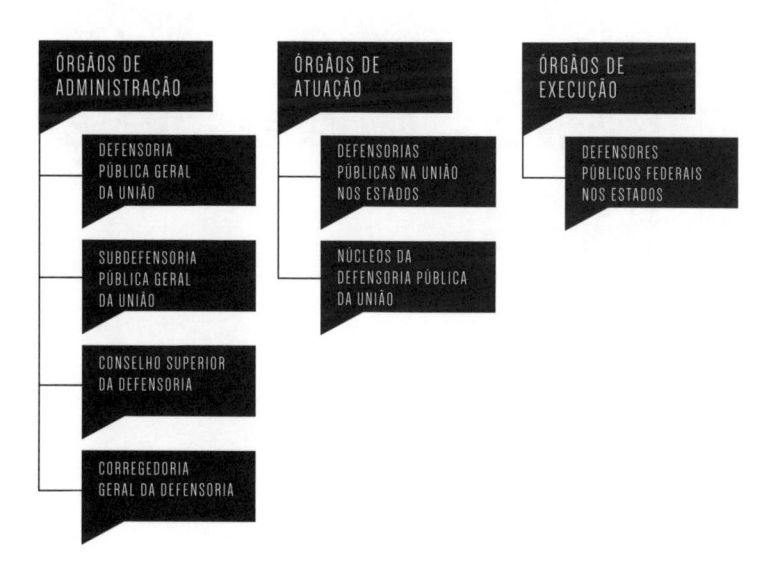

ÓRGÃOS DE ADMINISTRAÇÃO	ÓRGÃOS DE ATUAÇÃO	ÓRGÃOS DE EXECUÇÃO
DEFENSORIA PÚBLICA GERAL DA UNIÃO	DEFENSORIAS PÚBLICAS NA UNIÃO NOS ESTADOS	DEFENSORES PÚBLICOS FEDERAIS NOS ESTADOS
SUBDEFENSORIA PÚBLICA GERAL DA UNIÃO	NÚCLEOS DA DEFENSORIA PÚBLICA DA UNIÃO	
CONSELHO SUPERIOR DA DEFENSORIA		
CORREGEDORIA GERAL DA DEFENSORIA		

Defensorias Públicas dos Estados (DPEs)

As DPEs têm estrutura e atribuições semelhantes às da DP União. O defensor público geral do estado é nomeado pelo governador entre os membros da instituição. Também será substituído, quando for o caso, pelo subdefensor público geral do estado.

A principal diferença entre a estrutura das DPEs e da DPU está na Ouvidoria-Geral, órgão auxiliar das DPEs. Uma de suas principais atribuições é a de receber reclamações contra membros e servidores da DPE e encaminhá-las ao corregedor-geral. A existência de uma Ouvidoria confere mais transparência à DPE e também ajuda a identificar gargalos existentes no seu funcionamento.

As DPEs atuam nos casos de competência da Justiça Estadual do respectivo estado. Seu volume de trabalho em cada estado é altíssimo, traduzindo assim a realidade do Brasil, ainda formado por pessoas que não têm condições de contratar um advogado particular. No Rio de Janeiro, por exemplo, 80% das ações em trâmite no Tribunal de Justiça são patrocinadas pela DPE.

Portanto, as Defensorias Públicas se inserem também dentro dos órgãos essenciais à realização da Justiça, garantindo aos indivíduos menos favorecidos socialmente a defesa e promoção de seus direitos.

Organograma das Defensorias Públicas Estaduais

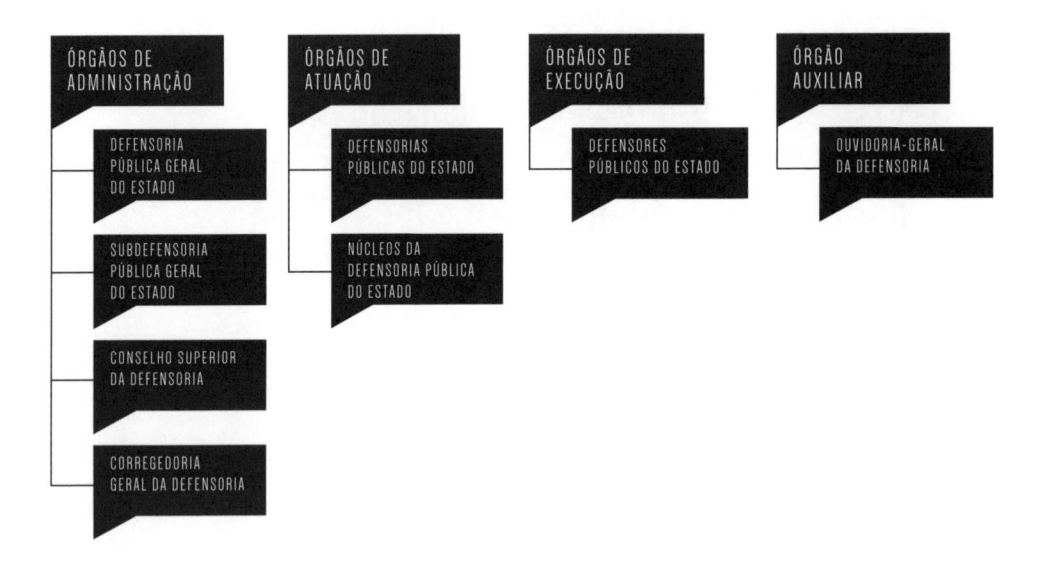

- ÓRGÃOS DE ADMINISTRAÇÃO
  - DEFENSORIA PÚBLICA GERAL DO ESTADO
  - SUBDEFENSORIA PÚBLICA GERAL DO ESTADO
  - CONSELHO SUPERIOR DA DEFENSORIA
  - CORREGEDORIA GERAL DA DEFENSORIA
- ÓRGÃOS DE ATUAÇÃO
  - DEFENSORIAS PÚBLICAS DO ESTADO
  - NÚCLEOS DA DEFENSORIA PÚBLICA DO ESTADO
- ÓRGÃOS DE EXECUÇÃO
  - DEFENSORES PÚBLICOS DO ESTADO
- ÓRGÃO AUXILIAR
  - OUVIDORIA-GERAL DA DEFENSORIA

II. 4. OS MEMBROS DA ADVOCACIA PÚBLICA

Os advogados públicos são os profissionais do Direito que integram a Advocacia Geral da União, as Procuradorias e Consultorias Jurídicas dos estados, do Distrito Federal e dos municípios, das autarquias e fundações públicas. Para o exercício de suas atividades é necessária a inscrição na Ordem dos Advogados do Brasil (OAB) e também a aprovação em concurso público.

MÚNUS

Palavra oriunda do latim, múnus significa "dever, obrigação, encargo". Cumpre ressaltar que em Roma a maioria dos cargos públicos era obtida por meio de influência e compra. Isso explica a origem da própria palavra latina: munus tem a mesma raiz do verbo munerare, que significa "presentear, recompensar".

O advogado público tem como função a defesa dos interesses dos entes públicos (União, estados, Distrito Federal, municípios, bem como suas autarquias e fundações). Tal múnus é desempenhado em juízo ou extrajudicialmente. Na primeira hipótese, o advogado público propõe ações em juízo ou defende os entes públicos nas ações propostas contra eles. Já na esfera extrajudicial, atua de forma consultiva, isto é, desempenhando estudos e análises, com base em seu entendimento jurídico, sobre projetos de lei, contratos públicos ou atos públicos que se pretende praticar.

O advogado público torna-se necessário em todos os departamentos de cada entidade pública, exatamente para evitar a edição de atos administrativos contrários à lei e defender os interesses e patrimônio públicos. Por isso, diz-se que o advogado público não cumpre ordens do ente público, mas goza de independência. Sua atuação tem por base a lei e o interesse público, e não o arbítrio ou interesse momentâneo dos agentes da administração.

II. 5. OS MEMBROS DA ADVOCACIA PRIVADA

O trabalho do advogado é essencial para o funcionamento da máquina da Justiça, pois o Judiciário só atua se for provocado, ou seja, o juiz só dá uma sentença se alguém levar o caso à sua atenção. Quem pode provocar o Judiciário, acionar as engrenagens do sistema de solução de controvérsias, que é a Justiça, é o advogado. Para se tornar advogado, é necessário ser bacharel em Direito (ter cursado a Faculdade de Direito) e ser aprovado em exame organizado pela Ordem dos Advogados do Brasil (OAB).

Uma das atividades exclusivas do advogado é o patrocínio de ações na Justiça. Isso significa que o advogado é o único profissional habilitado a atuar em nome de seu cliente em questões que necessitem da sentença de um juiz. Na grande maioria dos casos, o indivíduo não pode praticar atos diretamente no Judiciário. É dever do advogado verificar se seu cliente tem razões jurídicas para entrar com ação na Justiça.

Para o melhor exercício de sua profissão, o advogado tem deveres e direitos, como a inviolabilidade de seu escritório e o direito de comunicar-se sozinho com seu cliente. Esses direitos lhe conferem proteção, em função da confiança que o cliente deposita nele. O cliente confia ao advogado documentos, provas e fatos de sua vida – sem essas prerrogativas, o advogado não conseguiria exercer sua função.

Os advogados, além de conhecerem o direito, também devem estar aptos a ter um conhecimento humanístico amplo – sobre questões sociais, históricas, econômicas e outras –, já que a sociedade em que vivemos é complexa. Nos currículos das faculdades de direito é obrigatório, assim, que sejam ministradas matérias que tenham conteúdo humanístico e filosófico.

PARTE 2

OS SETORES E AS MATÉRIAS DA JUSTIÇA

Para atender às demandas da população, sejam elas urgentes ou não, a Justiça precisa estar bem organizada. Essa organização se faz com base na Constituição, em leis federais e estaduais, regimentos internos e resoluções, a fim de que o trabalho seja dividido por setores, os quais, por sua vez, se encarregarão de questões específicas. As normas de organização são importantes não apenas para o funcionamento da Justiça, mas também para a população que aciona o Judiciário. Afinal, elas visam à garantia dos princípios constitucionais, como o pleno acesso à Justiça e a realização de processos justos.

Como foi visto na Parte I deste livro, a Constituição aponta os órgãos que compõem o Poder Judiciário e ainda aqueles que desempenham funções essenciais à Justiça. Os tribunais são compostos por juízes que integram o Judiciário, e como também já se assinalou, formam uma estrutura separada em instâncias de maneira hierárquica. Mas há ainda outros aspectos dessa estrutura que devem ser destacados. Pondo-se à parte o Supremo Tribunal Federal (STF), que ocupa lugar especial, os demais tribunais e juízes podem estar ligados à Justiça Comum ou a Justiças Especializadas (Justiça do Trabalho, Justiça Eleitoral e Justiça Militar). E tanto num caso como no outro, podem pertencer à Justiça Federal ou às Justiças Estaduais. Esta é uma primeira indicação de que múltiplos são os setores da Justiça e múltiplas as matérias com que cada um lida.

No que diz respeito à organização interna, todos os tribunais, sempre obedecendo às diretrizes gerais da Constituição, têm autonomia para estabelecer suas próprias normas. Utilizando-se dessa autonomia, tribunais com muitos julgadores, ou seja, com um plenário grande, geralmente se subdividem em órgão especial, seções e turmas especializadas.

O plenário ou tribunal pleno é composto por todos os magistrados do tribunal. Configura-se o plenário todas as vezes que a totalidade dos membros de um órgão colegiado se reúne para deliberar sobre alguma matéria. Órgão especial é aquele que pode administrar e julgar no lugar do plenário quando o tribunal tem mais de 25 julgadores. Isso se dá porque em determinados casos seria inviável exigir a presença de todos os julgadores. No estado do Rio de Janeiro, por exemplo, existem 180 desembargadores, e seria impossível exigir a presença de todos eles em todos os julgamentos realizados pelo Tribunal de Justiça. As seções podem ser divididas em razão do assunto que julgam. As turmas, por fim, são as subdivisões das seções, e analisam as mesmas matérias que estas, com a diferença de que julgam os casos do cotidiano. Uma seção só é chamada a intervir quando há divergência de entendimento entre as turmas que a compõem.

As atribuições dos tribunais, incluindo as administrativas, compõem as funções judiciais. Portanto, toda a prática dos tribunais e juízes é chamada de judicial. A chamada função jurisdicional é a função exclusiva de julgar, que é exercida pelos juízes, desembargadores e ministros, distribuídos nos setores os mais variados, como será demonstrado a seguir.

Definidos os setores em que a Justiça se divide para cumprir sua missão jurisdicional, é ainda necessário compreender outra divisão, que leva em conta a matéria a ser tratada. E aí entra em cena outro conceito importante: o de competência. Competência judicial é o poder que o juiz tem de julgar, dentro de uma área geográfica delimitada, processos sobre a matéria e as pessoas que a lei determinar. A competência é portanto o limite da jurisdição, tanto no sentido da área de atuação do juiz quanto da matéria que ele pode julgar. Quando um juiz assume a titularidade de uma vara criminal, por exemplo, não poderá julgar uma ação de divórcio, que é da competência das varas de família. Por isso mesmo, quando um juiz é chamado de "incompetente", não há nenhuma carga pejorativa nessa afirmação, e sim a constatação de que ele não pode julgar determinada causa, pelo fato de ela não estar dentro da sua seara de atribuição, ou competência. Aliás, não nos assustemos se o próprio juiz declarar que é incompetente: ele pode fazê-lo e remeter o processo a quem seja competente, isto é, tenha poder para julgar a matéria em discussão.

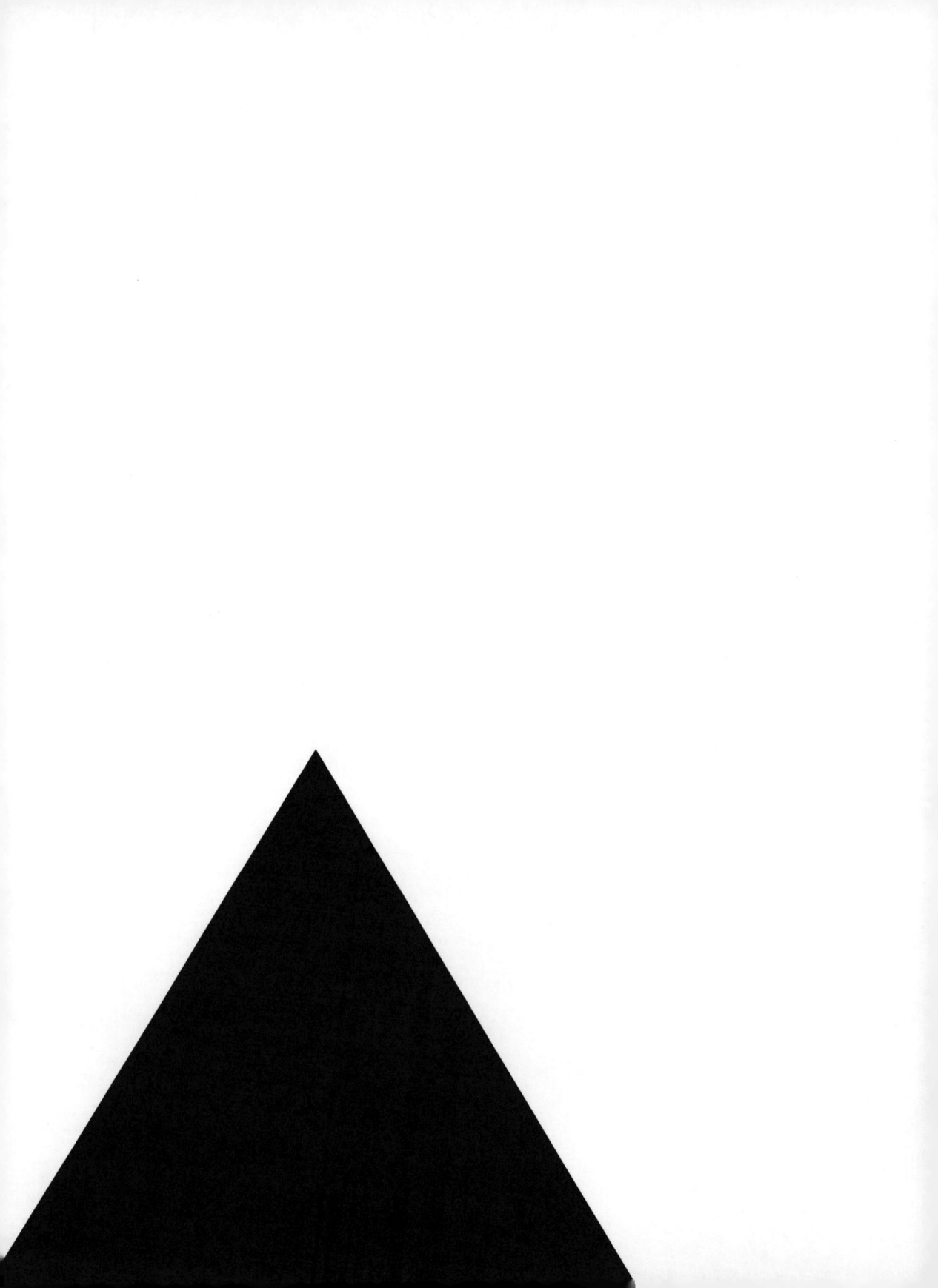

CAPÍTULO III

OS SETORES DA JUSTIÇA

III. I. O SUPREMO TRIBUNAL FEDERAL (STF)

O Supremo Tribunal Federal é a mais alta corte do Poder Judiciário brasileiro. Cabem-lhe a defesa e a proteção das normas constitucionais, e por isso é chamado de "guardião da Constituição". A defesa se dá quando o STF é chamado a julgar a constitucionalidade de uma lei elaborada pelo Poder Legislativo, decidindo se há ou não violação dos princípios da Constituição. Tal função também é desempenhada em outros países por cortes constitucionais, como é o caso da Suprema Corte americana ou do Conselho Constitucional francês.

Além de ser o tribunal defensor da Constituição, o STF funciona também como última instância do Poder Judiciário. Isso significa que, quando uma pessoa entra com uma ação na Justiça, desde que haja uma questão constitucional envolvida, ele é o último tribunal ao qual ela pode recorrer – é ele que dá a última palavra diante das demandas levadas ao Judiciário. Caso a questão não seja constitucional, o processo não chegará ao STF, e deverá ser resolvido pelo juiz de primeira instância ou pelo tribunal de segunda instância.

Um pouco de História

Após a Proclamação da Independência em 1822, a Constituição de 1824 determinou a criação de uma suprema corte com sede no Rio de Janeiro, então capital do Império. Esse tribunal foi chamado de Supremo Tribunal de Justiça e foi a origem do STF.

A segunda fase do tribunal, já denominado Supremo Tribunal Federal por decreto de 1890, correspondeu ao período da Primeira República (1891-1930) e foi marcada por grande atividade. O terceiro ciclo se iniciou com a Era Vargas, que começou com a Revolução de 1930 e se estendeu pelo Estado Novo, regime ditatorial que foi instituído pela Constituição de 1937 e vigorou até 1945. Nessa fase, o STF experimentou restrições à sua autonomia. O quarto momento, inaugurado com o fim do Estado Novo e a promulgação da Constituição de 1946, durou até o início do regime militar em 1964 "e foi marcado pela sintonia entre as decisões da corte e dos demais órgãos de soberania". Afinal, o Brasil vivia um período de conciliação de interesses, caracterizado por políticas de industrialismo, nacionalismo e desenvolvimentismo. Foi nessa fase, precisamente no final do governo Juscelino Kubitscheck (1956-1961), que a capital do país foi transferida para Brasília, a cidade projetada por Lúcio Costa e Oscar Niemeyer, e que o STF ganhou uma nova sede.

A partir de 1964, teve início uma fase de enfrentamento, "marcada pela resistência do Supremo contra algumas decisões do regime militar". Isso ocorreu porque a política autoritária levada a efeito pelos militares era incompatível com a independência que um órgão jurisdicional demandava. A ditadura se intensificou com a edição em dezembro de 1968 do Ato Institucional nº 5 – espécie de emenda à Constituição que concedeu ainda mais poderes ao governo militar e restringiu os direitos individuais –, e daí em diante o STF sofreu intervenção. Três de seus ministros – Hermes Lima, Evandro Lins e Silva e Victor Nunes Leal – foram compulsoriamente aposentados, e o próprio tribunal teve sua competência esvaziada. Pode-se dizer que, quanto mais poderes detinham os militares, mais limitada ficava a esfera de autonomia do STF e do Judiciário como um todo.

A partir da redemocratização, consumada com a promulgação da Constituição de 1988, o STF iniciou uma boa e cada vez mais consolidada fase no exercício de sua função julgadora. A nova Carta constitucional ficou conhecida como "Constituição Cidadã", porque muitos direitos foram reconquistados pelo povo. O novo texto criou diversas maneiras de fazer valer esses direitos, evitando que ficassem apenas no papel.

Composição e julgamento

O STF é composto por duas turmas, cada uma com cinco ministros, que se reúnem uma vez por semana. Duas vezes por semana, as duas turmas se reúnem com o presidente da corte para alguns julgamentos. Essa reunião de todos os 11 ministros é chamada de plenário.

O presidente do tribunal é eleito por voto secreto dos próprios ministros, e seu mandato tem a duração de dois anos, sendo proibida a reeleição para o período seguinte. Há a tradição de se eleger para presidente o ministro mais antigo, e que ainda não tenha ocupado o cargo.

Composição do STF

Quando um processo chega ao STF, é registrado e classificado conforme o caso: ação penal, extradição, mandado de segurança etc. Após essa etapa, ocorre a distribuição, que consiste em regra em um sorteio realizado internamente para determinar qual dos ministros, excluído o presidente, será o relator do caso. O ministro relator analisa o processo e profere seu voto, levando sua conclusão (voto) para a análise da turma ou do plenário. Em casos urgentes e que requerem a rápida prestação jurisdicional, o relator proferirá uma decisão imediata, chamada de liminar, que será analisada pelos outros ministros na turma ou no plenário, os quais por sua vez poderão validá-la ou reformá-la.

1ª TURMA — PRESIDENTE — 2ª TURMA

5 MINISTROS — 5 MINISTROS

A sessão de julgamento possui uma ordem específica: é conduzida pelo presidente do tribunal, que anuncia o caso. Depois, o ministro relator do processo apresenta um relatório descritivo do conflito envolvendo a Constituição. Nesse momento, advogados e representantes do Ministério Público falam para defender os interesses das partes e da sociedade. No fim, abre-se a oportunidade para que cada ministro profira seu voto. Tendo em vista a transparência e a publicidade das decisões judiciais, as sessões são públicas e frequentemente transmitidas pela TV Justiça.

Para as questões de maior relevância, como decisões sobre constitucionalidade ou inconstitucionalidade de uma lei, é o plenário que julga a hipótese, sendo exigida a presença de oito dos 11 ministros. No caso específico da declaração de constitucionalidade de leis, exige-se sempre maioria dos votos (seis votos), ou seja, a metade dos ministros mais um, independentemente de quantos estejam presentes. Desse modo, o STF é responsável por zelar pela correta aplicação da Constituição em todo o território nacional e por proteger os poderes constituídos, além da democracia brasileira.

PRESIDENTE DO TRIBUNAL	MINISTRO RELATOR DO PROCESSSO	ADVOGADOS E REPRESENTANTES DO MP	VOTO DE CADA MINISTRO
LEITURA DO CASO	APRESENTAÇÃO DO RELATÓRIO DESCRITIVO DO CONFLITO ENVOLVENDO A CF	DEFESA DOS INTERESSES DAS PARTES E DA SOCIEDADE	DECISÃO

III. 2. O SUPERIOR TRIBUNAL DE JUSTIÇA (STJ)

Compete ao Superior Tribunal de Justiça decidir em última instância sobre causas julgadas pelos tribunais federais e pelos tribunais estaduais que não estejam diretamente relacionadas à Constituição. Assim como as causas relacionadas à Constituição, tampouco são analisadas pelo STJ matérias concernentes a questões trabalhistas, eleitorais e militares, que são apreciadas no âmbito das Justiças Especializadas. O STJ constitui, portanto, a última instância da Justiça Comum.

A função do STJ é fazer com que os tribunais do país, na medida do possível, deem uma interpretação uniforme às leis. A enorme extensão territorial do país e sua grande diversidade cultural dificultam uma interpretação única. Os tribunais e juízes das Justiças Federal, Estadual e do Distrito Federal podem assim discordar sobre a aplicação de leis em casos semelhantes. O STJ atua, portanto, para uniformizar a interpretação do Direito. A uniformização da interpretação das leis é importante para a segurança jurídica, isto é, para que o cidadão saiba que as normas são obrigatórias e que seus direitos são protegidos.

Um pouco de História

Quando a ditadura do Estado Novo chegou ao fim com a deposição de Getúlio Vargas em outubro de 1945, o governo passou às mãos do presidente do Supremo Tribunal Federal, José Linhares, e em dezembro seguinte realizaram-se eleições para a presidência da República e para a Assembleia Nacional Constituinte. A Constituição promulgada em 1946 criou então o Tribunal Federal de Recursos (TFR), como segunda instância da Justiça Federal.

Quando se começou a preparar a Constituição que seria promulgada em 1988, pensou-se em criar um tribunal que funcionasse não mais como segunda instância da Justiça Federal, mas como uma instância superior uniformizadora da jurisprudência dos tribunais inferiores, hierarquicamente acima das Justiças Federal e Estadual. A Constituição de 1946 havia criado o TFR. A Constituição de 1988 evoluiu e criou o Superior Tribunal de Justiça (STJ). Quanto à segunda instância da Justiça Federal, passou à competência dos Tribunais Regionais Federais.

A Emenda Constitucional n° 45, de 2004, ampliou as atribuições do STJ, possibilitando-lhe a apreciação de sentenças proferidas em tribunais estrangeiros a serem aplicadas no Brasil. Tal medida procurou "desafogar" o STF, liberando-o de funções que até então eram por ele desempenhadas. No âmbito do STJ, passou a funcionar também a Escola Nacional de Formação e Aperfeiçoamento de Magistrados, além do Conselho da Justiça Federal, responsável pela supervisão administrativa e orçamentária da Justiça Federal.

Composição e atuação

O STJ é composto por 33 ministros escolhidos pelo presidente da República, sendo 1/3 de juízes vindos dos Tribunais Regionais Federais, um terço de desembargadores dos Tribunais de Justiça Estaduais e um terço de advogados e membros do Ministério Público. Trata-se portanto de uma corte com um número elevado de julgadores, ou seja, com um plenário grande, o que justifica a subdivisão em órgão especial, seções e turmas.

Composição do STJ

Assim como o STF, o STJ tem grande número de processos para julgar e procura fazê-lo. Esse movimento é comum a todo o sistema judiciário brasileiro, e visa pôr fim à visão negativa da população no que diz respeito à morosidade do Poder Judiciário. Os recursos existentes e, por vezes, a má-fé de algumas partes envolvidas na relação processual fazem com que os processos tenham um prazo muito extenso para seu julgamento.

Em 2013, cada ministro do STJ tinha em média 21,6 mil processos para julgar, já que eram ao todo 713.258 processos para 33 ministros (299 mil casos novos, 314 mil casos pendentes, 86 mil recursos internos novos e 14 mil recursos internos pendentes. Assim como no STF, os ministros do STJ contam com uma estrutura de assessores para ajudá-los no dia a dia.

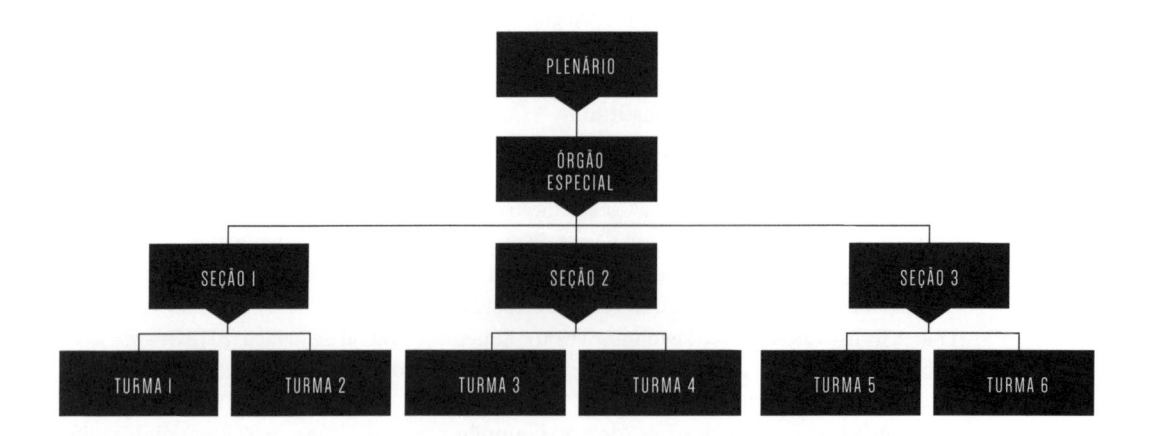

```
                    PLENÁRIO
                       |
                    ÓRGÃO
                   ESPECIAL
          _____|_____
         |             |            |
      SEÇÃO 1       SEÇÃO 2      SEÇÃO 3
       _|_           _|_           _|_
      |   |         |   |         |   |
   TURMA 1 TURMA 2 TURMA 3 TURMA 4 TURMA 5 TURMA 6
```

III. 3. A JUSTIÇA FEDERAL

A Justiça Federal tem a tarefa de julgar todas as ações em que a União e suas autarquias, bem como as empresas públicas federais, estejam envolvidas. Além disso, ela tem importante papel quando se trata de temas internacionais, já que a União é a responsável pelas relações internacionais do país. Assim, cabe à Justiça Federal julgar os crimes previstos em tratados ou convenções internacionais, como os crimes de tráfico internacional de entorpecentes e de tráfico de pessoas. Outro delito julgado pela Justiça Federal é a falsificação de dinheiro, já que a União, por meio do Banco Central, é quem tem o monopólio da emissão de moeda no país.

A Justiça Federal é composta por juízes ou varas federais e por Tribunais Regionais Federais (TRFs). Na primeira instância é representada pelas varas federais, e o julgamento normalmente é monocrático, ou seja, feito por um só juiz. É preciso não esquecer os Juizados Especiais Federais, que julgam questões mais simples com maior rapidez.

A insatisfação de uma das partes diante de uma decisão proferida por um juiz federal pode levá-la a recorrer. Na segunda instância, o julgamento geralmente é colegiado, ou seja, feito pelos vários desembargadores integrantes dos TRFs. Existem vários recursos, cada um com uma finalidade específica, detalhada no Código de Processo Civil e no Código de Processo Penal brasileiros. Alguns exemplos de recursos são apelação, embargo, agravo, e os recursos específicos destinados aos tribunais superiores.

Um ponto que é preciso deixar claro é que não existe hierarquia entre a Justiça Estadual e a Justiça Federal – uma não pode rever as decisões da outra. O que ocorre é que uma tem atribuições diferentes da outra. Um problema que envolva a defesa do consumidor, por exemplo, caberá à Justiça Estadual. Já se alguém tiver problemas com sua aposentadoria e entrar na Justiça contra o INSS, que pertence à União, o processo correrá na Justiça Federal.

O STJ é um órgão da Justiça Federal?

A resposta é não. Como foi dito, o STJ é o tribunal superior responsável pela interpretação uniforme das leis em todo o país. Por que, então, o STJ não integra a estrutura da Justiça Federal?

Simples: porque se pode recorrer ao STJ de uma decisão de um Tribunal Regional Federal e também de um Tribunal de Justiça Estadual, ou seja, tanto nas causas federais quanto nas estaduais. A Justiça Estadual não julga apenas com base nas leis estaduais, mas também com base nas leis federais, desde que o assunto não seja de atribuição das Justiças Especializadas. Por isso, o STJ está acima da Justiça Federal e da Justiça Estadual. É o tribunal superior de toda a Justiça Comum.

Um pouco de História

O acesso à Justiça, ou seja, a possibilidade que qualquer cidadão tem de levar suas questões ao Poder Judiciário, é um direito garantido pela Constituição. Sem tal garantia, o Poder Judiciário perderia sua função, sem mencionar sua credibilidade. É justamente por significar a possibilidade de qualquer cidadão acionar o Judiciário para solucionar seus conflitos e vê-los resolvidos a tempo por uma decisão socialmente justa que o acesso à Justiça pode promover a igualdade na prática.

A Constituição de 1988, atendendo a esse princípio, adotou algumas medidas de reformulação do Judiciário brasileiro. Não só o antigo Tribunal Federal de Recursos foi eliminado, e em seu lugar foi criado o Superior Tribunal de Justiça, como foram criados os Tribunais Regionais Federais (TRFs). Esses tribunais têm a mesma função que era atribuída ao antigo TFR – a de segunda instância da Justiça Federal –, mas agora de forma regionalizada. O país possui não apenas um, mas cinco TRFs, destinados principalmente a receber recursos das decisões dos juízes federais.

Em resumo, a Constituição de 1988 trouxe "um Tribunal Federal de Recursos descentralizado", concebido para estar mais próximo e atender melhor às necessidades da população – inclusive devido à imensa extensão territorial do país. Tal objetivo foi alcançado com uma simples mudança na estrutura dos órgãos do Poder Judiciário, realizada com a finalidade última de promover o acesso à Justiça e, assim, fortalecer a democracia.

Organização da Justiça Federal

A Justiça Federal é composta, como dito acima, por juízes ou varas federais em primeira instância, e por cinco Tribunais Regionais Federais, que representam a segunda instância. A Constituição dita as diretrizes de estruturação dos TRFs, mas compete a cada tribunal dispor sobre sua organização interna.

A Justiça Federal atua sobre todo o território nacional, e cada um de seus órgãos tem sua respectiva área de atuação. Apesar do nome "regional", os TRFs não correspondem às regiões estabelecidas pelo IBGE – Norte, Nordeste, Centro-Oeste, Sudeste e Sul. A divisão territorial no Poder Judiciário ocorre com a finalidade de melhor atender às necessidades da população, de acordo com as demandas. Como algumas regiões são mais populosas que outras, a divisão territorial dos TRFs reflete essa realidade.

Os cinco TRFs cobrem a seguintes regiões:

▲ 1ª Região: sede em Brasília e jurisdição sobre o Distrito Federal e os estados do Acre, Amapá, Amazonas, Bahia, Goiás, Maranhão, Mato Grosso, Minas Gerais, Pará, Piauí, Rondônia, Roraima e Tocantins;
▲ 2ª Região: sede no Rio de Janeiro e jurisdição sobre os estados do Rio de Janeiro e Espírito Santo;
▲ 3ª Região: sede em São Paulo e jurisdição sobre os estados de São Paulo e Mato Grosso do Sul;
▲ 4ª Região: sede em Porto Alegre e jurisdição sobre os estados do Rio Grande do Sul, Paraná e Santa Catarina;
▲ 5ª Região: sede em Recife e jurisdição sobre os estados de Pernambuco, Alagoas, Ceará, Paraíba, Rio Grande do Norte e Sergipe.

As diferenças regionais do país influem também na carga de trabalho dos TRFs. De acordo com a região, há uma grande diferença na relação entre o número de processos que chegam ao TRF e o número de habitantes.

Há um projeto de lei que tramita no Congresso Nacional para a criação de quatro novos TRFs, sediados respectivamente em Curitiba, Salvador, Belo Horizonte e Manaus. A lei ainda não foi aprovada, pois o STF analisa a constitucionalidade da proposta, que poderia impactar o orçamento público e trazer um excesso de trabalho aos advogados públicos.

Composição e atribuições dos TRFs

Cada TRF é formado por no mínimo sete membros, podendo o número de juízes variar de acordo com a necessidade de cada região judiciária. Os juízes dos TRFs devem ser brasileiros natos ou naturalizados, com idade entre 30 e 65 anos ao assumir o cargo, sendo permitido que nele permaneçam até os 70 anos de idade. Além de juízes federais promovidos por antiguidade ou merecimento, um quinto dos membros de cada tribunal deverá ser formado por advogados e membros do Ministério Público Federal – representativos do chamado "quinto constitucional".

Como os TRFs têm autonomia administrativa e financeira, cabe ao regimento interno de cada um deles estabelecer sua estrutura, a partir das delimitações traçadas pela Constituição. Com isso, surgem algumas diferenças na estrutura e nas atribuições dos TRFs. A própria área de abrangência de cada TRF tem necessidades específicas que ensejam algumas peculiaridades. Veja-se, por exemplo, que o TRF da 3ª Região, que compreende os estados de São Paulo e Mato Grosso do Sul, é composto por 43 enquanto o TRF da 5ª Região, abarcando os estados de Pernambuco, Alagoas, Ceará, Paraíba, Rio Grande do Norte e Sergipe, tem apenas 15.

A seguir, são apontados alguns elementos diferenciadores.

Os plenários dos TRFs, compostos por todos os juízes, exercem em geral funções administrativas. Podem também incumbir-se do julgamento de alguma questão que envolva divergência na aplicação de determinada lei.

Quanto ao número de magistrados

TRF 1	27 MEMBROS
TRF 2	27 MEMBROS
TRF 3	43 MEMBROS
TRF 4	27 MEMBROS
TRF 5	15 MEMBROS

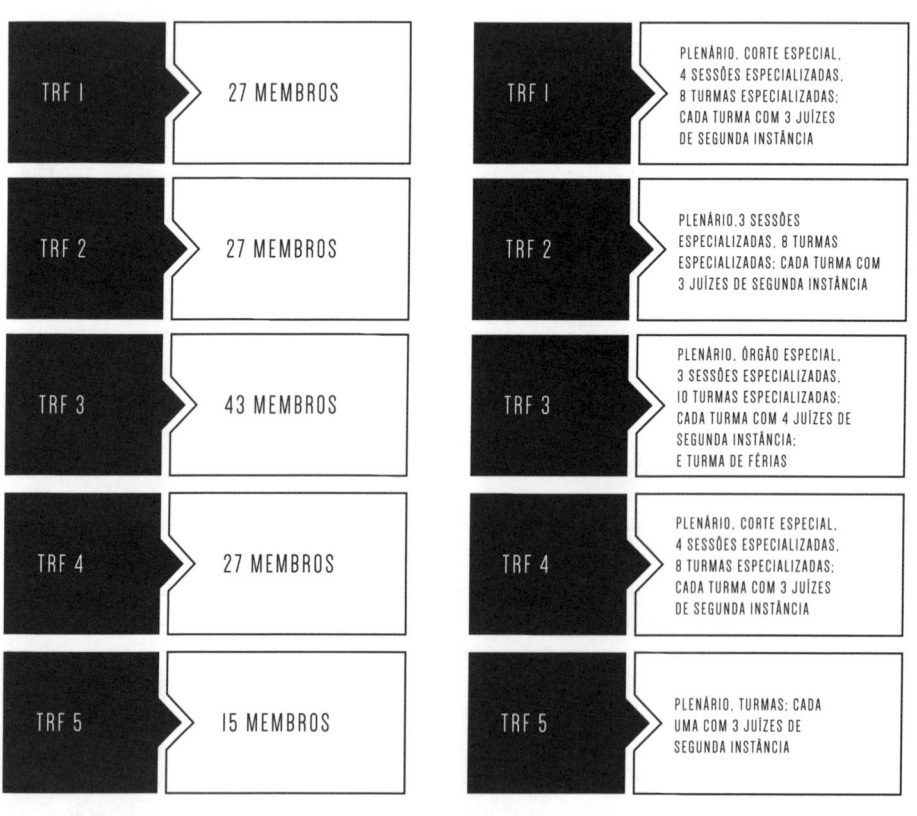

Quanto à organização

TRF 1	PLENÁRIO, CORTE ESPECIAL, 4 SESSÕES ESPECIALIZADAS, 8 TURMAS ESPECIALIZADAS; CADA TURMA COM 3 JUÍZES DE SEGUNDA INSTÂNCIA
TRF 2	PLENÁRIO, 3 SESSÕES ESPECIALIZADAS, 8 TURMAS ESPECIALIZADAS; CADA TURMA COM 3 JUÍZES DE SEGUNDA INSTÂNCIA
TRF 3	PLENÁRIO, ÓRGÃO ESPECIAL, 3 SESSÕES ESPECIALIZADAS, 10 TURMAS ESPECIALIZADAS; CADA TURMA COM 4 JUÍZES DE SEGUNDA INSTÂNCIA; E TURMA DE FÉRIAS
TRF 4	PLENÁRIO, CORTE ESPECIAL, 4 SESSÕES ESPECIALIZADAS, 8 TURMAS ESPECIALIZADAS; CADA TURMA COM 3 JUÍZES DE SEGUNDA INSTÂNCIA
TRF 5	PLENÁRIO, TURMAS; CADA UMA COM 3 JUÍZES DE SEGUNDA INSTÂNCIA

III. 4. A JUSTIÇA ESTADUAL

A Justiça Estadual é, de todas, a que mais se aproxima das demandas da população. Ao lado da Justiça Federal, ela compõe a estrutura da Justiça Comum, não especializada. É a divisão do Judiciário que tem suas funções determinadas por exclusão, pois julga tudo que não for matéria das demais Justiças: o que não for assunto da Justiça do Trabalho, Eleitoral e Militar, nem da Justiça Federal, será analisado pela Justiça Estadual. Por isso se diz que ela tem a chamada "competência residual".

Da mesma forma que a Justiça Federal, a Justiça Estadual é composta por juízes e Juizados Especiais, na primeira instância, e por Tribunais de Justiça (TJs), na segunda. Cada TJ é organizado conforme o Código de Organização Judiciária do estado e de acordo com seu regimento interno, respeitadas as diretrizes gerais estabelecidas pela Constituição Federal. Em determinadas circunstâncias, pode-se recorrer das decisões dos TJs, assim como dos TRFs, ao STJ.

Existe um Tribunal de Justiça em cada estado da Federação, além do Tribunal do Distrito Federal e Territórios. Dessa maneira, o Brasil possui 27 TJs.

Organização da Justiça Estadual

A organização da Justiça Estadual se dá da seguinte forma:

CONSTITUIÇÃO FEDERAL	ESTABELECE A ORGANIZAÇÃO E AS COMPETÊNCIAS DO PODER JUDICIÁRIO NACIONAL
CONSTITUIÇÃO ESTADUAL	ESTABELECE AS COMPETÊNCIAS DO TRIBUNAL DE JUSTIÇA DO ESTADO E DA JUSTIÇA ESTADUAL COMO UM TODO
TRIBUNAL DE JUSTIÇA	ELABORA A LEI CONHECIDA COMO CÓDIGO DE ORGANIZAÇÃO JUDICIÁRIA DO RESPECTIVO ESTADO
ASSEMBLEIA LEGISLATIVA	APROVA A LEI ELABORADA PELO TRIBUNAL DE JUSTIÇA

Diferentemente do que ocorre nos Estados Unidos, os assuntos tratados pela Justiça Estadual no Brasil não se relacionam apenas às leis estaduais. Isso significa que a Justiça Estadual pode julgar questões relativas a leis federais, estaduais ou municipais, contanto que a questão não seja trabalhista, eleitoral ou militar, nem relacionada a ações em que a União esteja envolvida.

No ano de 2013 havia 74,2 milhões de processos em tramitação na Justiça Estadual em todo o país, sendo que 20,3 milhões eram novos processos.[5] A maioria dessas novas ações tramitava nos Tribunais de Justiça de São Paulo, Rio de Janeiro, Minas Gerais, Rio Grande do Sul e Bahia. Quando analisados os tribunais estaduais individualmente, identifica-se que no Rio de Janeiro e no Rio Grande do Sul, de cada 100 mil habitantes, 16 mil ingressaram com novas ações. São Paulo e Rio de Janeiro contêm um total de 56.410 processos tramitando por 100 mil habitantes. Já na Justiça Estadual do Piauí, por exemplo, esse número cai para 1.151 por 100 mil habitantes.

A quantidade significativa de processos julgados por ano – em 2010, por exemplo, a Justiça Estadual proferiu 17,1 milhões de sentenças – é resultado de um esforço conjunto de todos os tribunais, plano concebido em 2004 na tentativa de tornar o Judiciário mais eficiente.

Composição e atuação dos Tribunais de Justiça

Os Tribunais de Justiça são compostos por desembargadores – nome dado aos juízes estaduais de segunda instância. Podem tornar-se desembargadores juízes estaduais promovidos por merecimento ou antiguidade, e além disso advogados e membros do Ministério Público, nomeados segundo a regra do chamado "quinto constitucional".

Os Tribunais de Justiça localizam-se na capital de cada estado e têm competência para julgar sobre todo o território do respectivo estado. Deve-se respeitar o limite do estado para a atuação do TJ.

Em geral, os processos têm início em uma vara, apreciados pelo juiz de direito de primeiro grau. O juiz profere uma decisão da qual, eventualmente, uma das partes poderá discordar. Nessa hipótese, cabe recurso ao Tribunal de Justiça, que é um órgão colegiado, e suas decisões são tomadas por um grupo de julgadores.

DECISÃO DO JUIZ ESTADUAL (1ª INSTÂNCIA)

RECURSO DO TJ: DECISÃO PELOS DESEMBARGADORES (2ª INSTÂNCIA)

---

[5] - ftp://ftp.cnj.jus.br/justica_em_numeros/relatorio_jn2014.pdf. p. 50 .

Dentro do TJ, existem diferentes órgãos que, juntos, dão andamento a todas as atividades do tribunal. O TJ do Rio de Janeiro, por exemplo, tem como órgãos julgadores o Órgão Especial, a Seção Criminal, as Câmaras Isoladas e o Conselho da Magistratura. Assim, em uma ação na qual uma atriz recorre da sentença do juiz proferida em ação de danos morais devido ao uso indevido de sua imagem, o recurso será julgado nas Câmaras Cíveis. Da mesma forma, uma pessoa presa em flagrante por posse de drogas poderá impetrar um habeas corpus junto à Seção Criminal.

No TJ, é comum que o regimento interno discipline a existência da Corregedoria de Justiça, que tem por finalidade fiscalizar e normatizar os procedimentos técnicos e operacionais do Judiciário. A Corregedoria também fiscaliza a atribuição do serviço de Cartórios, seja de Registro de Pessoas Físicas, Jurídicas, Registro de Imóveis, Títulos e Documentos e outras atribuições.

Juízes, tribunais e a primeira instância

Instância, como já foi visto, significa a posição hierárquica do órgão julgador. O processo deve ser analisado em primeira instância para que, caso as partes não fiquem satisfeitas após a primeira decisão, o assunto possa ser revisto em segunda instância. Via de regra, na Justiça Estadual, entende-se por primeira instância o juiz singular. Mas é preciso lembrar que, além dos juízes de direito, são juízes de primeira instância os Tribunais do Júri, os Juizados Especiais e suas Turmas Recursais.

O TRIBUNAL DO JÚRI

O Tribunal do Júri, tão divulgado na mídia e em novelas, tem a atribuição específica de julgar ações penais que envolvam crimes onde há a intenção de matar. Esse tipo de crime, chamado de homicídio doloso, é definido taxativamente no Código Penal. A Constituição garante a soberania da decisão do júri ao dizer se o réu é culpado ou não, e o juiz somente fará a aplicação da pena ao caso concreto. Assim, os jurados dirão "sim" ou "não" quanto à condenação, e o juiz dirá qual será a pena a ser aplicada, de acordo com as regras técnicas previstas no Código Penal.

Divisão territorial da Justiça Estadual

Cada TJ e cada juiz têm uma área delimitada em que podem atuar. A isso se chama competência territorial. Por serem a mais alta corte dentro da Justiça Estadual, os TJs têm jurisdição sobre todo o território do respectivo estado. Já os juízes de primeiro grau ou primeira instância seguem regras de delimitação de suas áreas de atuação.

EXISTE JUIZ MUNICIPAL?

Não. Existem juízes federais e juízes estaduais, mas não existe um juiz municipal. Isso porque o Poder Judiciário é o único dos três poderes que não possui uma dimensão municipal. Assim, o prefeito é o chefe do Poder Executivo municipal, e a Câmara dos Vereadores é o órgão central do Poder Legislativo municipal. As questões judiciais dos municípios, contudo, são encaminhadas diretamente à Justiça Estadual, Federal ou às Especializadas, conforme o caso.

O território de cada estado, para efeito da administração da Justiça, tem várias divisões, algumas aqui destacadas: regiões judiciárias, comarcas e zonas judiciárias. As regiões judiciárias são grupos de comarcas ou varas. A 9ª Região Judiciária do Estado do Rio de Janeiro, por exemplo, é composta pelas comarcas de Itaboraí, Rio Bonito, Cachoeiras de Macacu e Tanguá. Comarcas são subdivisões judiciárias do estado que contêm um ou mais municípios. Cada comarca pode conter uma ou mais varas, nas quais atuam os juízes de direito. O nome da comarca é o nome do município em que estiver sua sede. Exemplo: Comarca de Juiz de Fora, em Minas Gerais. Quando a comarca possuir uma vara única, todas as causas serão decididas pelo mesmo juiz, independentemente da matéria. Quando houver mais de uma vara, estas serão especializadas em determinadas matérias, como as varas de família, da fazenda pública, criminais etc.

De acordo com o número de habitantes e de eleitores, a receita tributária, o movimento de ações na Justiça e a extensão territorial dos municípios do estado, as comarcas podem ser classificadas em entrâncias. Trata-se de uma classificação feita para melhor administrar a Justiça Estadual, não havendo qualquer hierarquia entre as entrâncias.

Existem comarcas de primeira entrância, de segunda entrância e de entrância especial. No estado do Rio de Janeiro são comarcas de primeira entrância, por exemplo, Arraial do Cabo, Guapimirim e Paty do Alferes. De segunda entrância, as comarcas de Armação dos Búzios, Itaboraí, Macaé, Resende, Teresópolis etc. Já as comarcas de entrância especial são, por exemplo, as da Capital, de Niterói, Nova Iguaçu, Petrópolis e Volta Redonda.

A divisão judiciária tem a função de organizar as diversas atividades prestadas no Poder Judiciário dentro do estado. Como a Justiça Estadual trata de várias matérias, em vários municípios de diferentes tamanhos, é necessário ter uma estrutura organizada para garantir a convergência e a unidade do sistema jurídico.

Outra razão para a divisão judiciária é o atendimento a todos os cidadãos dentro do estado. Se um cidadão que mora no interior tivesse que se deslocar para a capital sempre que tivesse que resolver algum problema na Justiça, o acesso à Justiça se tornaria inviável. Exatamente por isso ele pode ingressar em sua comarca com uma ação por falta de medicamentos, ou por falta de um leito no hospital. A Justiça precisa ser prestada, e a estrutura criada tem a finalidade de atender o cidadão.

Plantão Judiciário

A máquina judiciária não pode parar de proferir decisões, principalmente algumas urgentes. O que acontece, por exemplo, se uma pessoa precisa de internação emergencial na noite de Natal, e os hospitais informam que não existe nenhum leito hospitalar disponível? Nesse caso, ela pode recorrer à Justiça, mesmo que seja feriado. É por isso que os magistrados não podem tirar férias coletivas, pois a Justiça não pode parar – é a chamada continuidade da prestação jurisdicional. É claro que os magistrados têm direito a férias, mas não todos em conjunto.

Desse modo, todos os dias em que não houver expediente normal nos fóruns, alguns juízes, promotores de justiça e defensores públicos estarão de plantão para atender às necessidades urgentes da população. As demandas levadas ao plantão são questões urgentes e inadiáveis. Durante a noite também é assegurado um plantão noturno. Por isso é que se pode dizer que "a justiça nunca para".

III. 5. A JUSTIÇA DO TRABALHO

A Justiça do Trabalho é hoje no Brasil a principal das Justiças Especializadas. Cabe-lhe apreciar problemas vinculados às relações de trabalho, que geralmente são caracterizadas pela presença de atributos específicos, como subordinação do empregado ao patrão, habitualidade, onerosidade (já que o trabalho deve ser devidamente remunerado) e vinculação.

As ações de relação de trabalho julgadas pela Justiça do Trabalho podem ser referentes a representação sindical, atos decorrentes de greve, indenização por dano moral ou patrimonial resultante da relação de trabalho. Podem ser também processos relativos às penalidades administrativas impostas aos empregadores por fiscais do trabalho, entre outros. A Justiça do Trabalho não julga processos criminais.

Um pouco de História

O surgimento da legislação trabalhista e da Justiça do Trabalho foi consequência de um longo processo de lutas e reivindicações conduzido por organizações operárias em vários países. Incluídas entre os chamados direitos sociais, as garantias ao trabalhador foram asseguradas primeiramente pelas Constituições mexicana de 1917 e alemã de 1919 (Constituição de Weimar), ambas de cunho social-democrata.

A Justiça do Trabalho foi criada no Brasil pela Constituição de 1934, promulgada na primeira fase da Era Vargas, mas só foi instalada em 1º de maio de 1941, já na vigência da Constituição de 1937, como um órgão vinculado ao Ministério do Trabalho. Portanto, não pertencia formalmente ao Poder Judiciário – era um órgão administrativo, subordinado ao Poder Executivo. A "luta pelo trabalhismo", como aponta a historiografia brasileira, representou uma bandeira significativa do governo Vargas, e contou com a adesão de setores operários e da classe média, já que o Brasil começava a se urbanizar.

Foi a Constituição de 1946, a primeira posterior à Era Vargas, que trouxe a Justiça do Trabalho para a esfera do Poder Judiciário, conferindo-lhe plenamente a natureza de órgão jurisdicional. Esse legado institucional de Vargas permaneceu durante os sucessivos governos brasileiros, assim como a Consolidação das Leis do Trabalho (CLT), a mesma desde 1943. O fortalecimento dos direitos trabalhistas também acompanhou a tendência dos movimentos internacionais, com o recrudescimento da luta desenvolvida pelos sindicatos pela melhora das relações de trabalho dos operários.

A composição da Justiça do Trabalho, até 1999, compreendia juízes de carreira – magistrados que prestaram concurso – e os chamados juízes classistas – oriundos de diversas categorias. Os juízes classistas eram representantes dos trabalhadores e dos empregadores, e constituíam um resquício histórico da própria configuração da Justiça do Trabalho no governo Vargas. A partir de 1999, porém, eles foram excluídos da composição da Justiça do Trabalho, que passou a ser formada apenas por juízes concursados e por membros do Ministério Público e advogados. A justificativa para sua exclusão foi a alegação de que havia parcialidade em seus julgamentos. Os juízes devem exercer suas funções com imparcialidade, o que é considerado incompatível com a presença de julgadores com interesses nas causas que analisam. A Justiça do Trabalho teve seu âmbito de atuação bastante ampliado pela Reforma do Judiciário de 2004.

Organização da Justiça do Trabalho

A Justiça do Trabalho é composta por três tipos de órgãos: o Tribunal Superior do Trabalho (TST), os Tribunais Regionais do Trabalho (TRTs) e as Varas do Trabalho.

Em última instância, a análise dos recursos contra as decisões dos TRTs cabe ao TST, com sede em Brasília. Em 2012, como ocorreu nos demais tribunais, o TST julgou mais ações do que lhe foram distribuídas. Essa força-tarefa do Judiciário visa a desafogar o fluxo de processos e a agilizar as decisões. O esforço concentrado do TST já trouxe alguns resultados visíveis, conforme se verifica no gráfico da página seguinte.

Antes da Reforma do Judiciário, eram julgados menos processos do que os recebidos; consequentemente, sobrava um estoque para o ano subsequente. Nos dias atuais, julgam-se mais processos do que os que são recebidos anualmente, ou seja, aos poucos o estoque vai diminuindo, o que permite prever que em algum momento todos os processos recebidos no início do ano estarão julgados ao final do mesmo ano. Por outro lado, isso representa maior carga de trabalho para os ministros do TST.

Apesar de a demanda ser menor do que no STF e no STJ, o TST julgou em média 211 mil processos em 2013. Nas instâncias inferiores, esse número aumenta consideravelmente.

TRIBUNAL SUPERIOR DO TRABALHO

TRIBUNAIS REGIONAIS DO TRABALHO

JUÍZES DO TRABALHO

Os 24 TRTs são a segunda instância da Justiça Trabalhista, composta pelos juízes de segundo grau. Nas 1.371[6] varas trabalhistas atuam os juízes de primeira instância.

Ao longo do ano de 2012 ingressaram nos TRTs 4,1 milhões de novos processos, sendo que 55,6% concentraram-se em São Paulo, Rio de Janeiro, Minas Gerais e Rio Grande do Sul. Isso mostra que nesses estados a atividade econômica e industrial é maior, e portanto maior é a possibilidade de surgirem litígios de ordem trabalhista. A soma desses novos processos com os que estavam em tramitação em 2012 resultou em 7,3 milhões. Ao longo de 2012 foram baixados 3,9 milhões de processos e proferidas 3,8 milhões de sentenças.

Movimentação TST (2013) – processos recebidos, pendentes e processos julgados

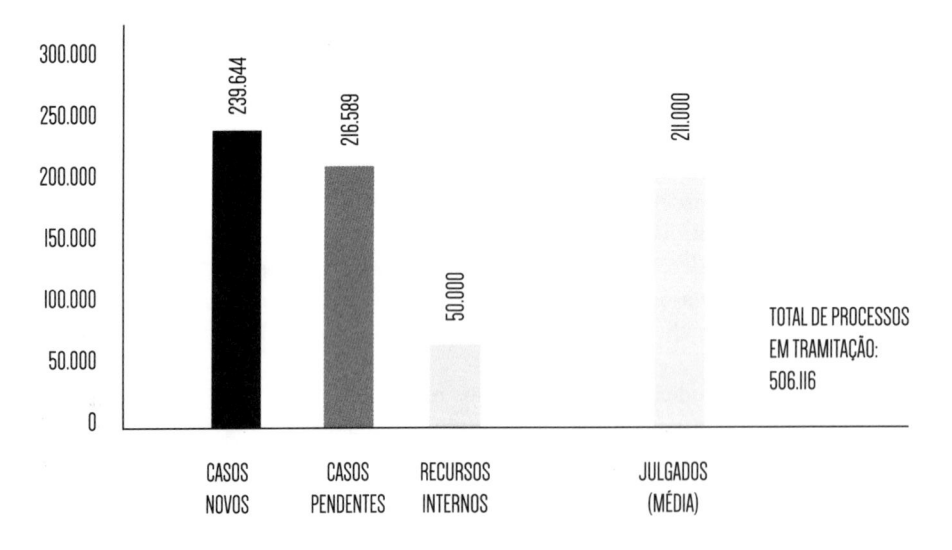

	Valor
CASOS NOVOS	239.644
CASOS PENDENTES	216.589
RECURSOS INTERNOS	50.000
JULGADOS (MÉDIA)	211.000

TOTAL DE PROCESSOS EM TRAMITAÇÃO: 506.116

---

[6] - Até dezembro de 2008.

Composição e atuação do TST

Como a mais alta corte da Justiça do Trabalho, com atuação em todo o território nacional, o TST tem como principal atribuição uniformizar a jurisprudência trabalhista oriunda de todos os tribunais do país, bem como julgar os recursos elencados no Código de Processo Civil interpostos contra as decisões das instâncias inferiores.

Integram o TST 27 ministros, brasileiros de 35 a 65 anos, nomeados pelo presidente da República após aprovação pelo Senado Federal. Um quinto desses ministros é formado por advogados e membros do Ministério Público do Trabalho, em respeito à regra do "quinto constitucional". Os demais são juízes dos Tribunais Regionais do Trabalho, magistrados de carreira, indicados pelo próprio TST.

Além de um plenário de composto de 27 ministros, o TST possui um órgão especial composto pelos 11 ministros mais antigos do tribunal, uma seção especializada em dissídios coletivos e uma seção especializada em dissídios individuais. O dissídio será coletivo quando versar sobre controvérsia entre instituições, que podem ser categorias profissionais (empregados) e classes econômicas (empregadores). Há dissídio coletivo, por exemplo, quando um sindicato entra na Justiça contra determinada empresa. Já um dissídio individual é uma reclamação trabalhista resultante de conflito decorrente de relação de trabalho individual – por exemplo, um empregado contra a empresa.

SINDICATOS

São entidades formadas para a defesa de seus associados. Os sindicatos não se confundem com órgãos da Justiça do Trabalho. Os tipos mais comuns são os representantes de categorias profissionais, conhecidos como sindicatos de trabalhadores, e de classes econômicas, conhecidos como sindicatos patronais. A palavra vem do latim syndicus, que designava o advogado encarregado de defender as causas demandadas pelos trabalhadores.

Historicamente, os sindicatos promoviam greves e outras formas de protesto para reivindicar melhores condições de trabalho. Por curiosidade, a palavra sabotagem vem do francês sabotage, que designava o ato de colocar um sabot, ou "sapato feito de madeira", nas engrenagens das máquinas para interromper a produção.

Composição e atuação dos TRTs

Os TRTs funcionam como a segunda instância da Justiça do Trabalho, quando julgam recursos interpostos contra as decisões da primeira instância, ou seja, das Varas do Trabalho. Existem 24 TRTs no Brasil, distribuídos conforme a necessidade de cada região. Os estados de Tocantins, Acre, Roraima e Amapá não dispõem de um TRT; o estado de São Paulo, por seu turno, possui dois TRTs, um sediado na capital e outro em Campinas. Os TRTs são compostos de, no mínimo, sete juízes de segunda instância, se possível da respectiva região. Os juízes são nomeados pelo presidente da República, devendo ser brasileiros com idade entre 30 e 65 anos. Conforme previsão constitucional, um quinto do total será de advogados e membros do Ministério Público do Trabalho. O restante será alcançado mediante promoção de juízes do Trabalho.

Os TRTs funcionam em plenário ou divididos em turmas e seções, dependendo de seu tamanho e das disposições de seu regimento interno. O TRT do Rio de Janeiro, por exemplo, tem um plenário formado por 54 juízes, um órgão especial formado por 13 juízes, duas seções (sendo uma especializada em dissídios coletivos e a outra em dissídios individuais) e nove turmas.

O número de juízes que compõem os TRTs é um exemplo da diferença existente entre os TRTs brasileiros, respeitando a demanda de cada região. Essas divergências se justificam pela autonomia que cada tribunal tem para se auto-organizar, com base em seus regimentos internos.

As Varas do Trabalho

A primeira instância da Justiça do Trabalho é exercida pelos juízes do Trabalho, que formam as Varas do Trabalho. A Vara compõe-se de um juiz do Trabalho titular e um juiz do Trabalho substituto. O juiz substituto é aquele recém-ingressado na magistratura através de concurso público, que depois de determinado período será juiz titular de uma Vara do Trabalho. É preciso notar que em comarcas onde não exista Vara do Trabalho a lei pode atribuir a jurisdição trabalhista ao juiz de Direito (Justiça Estadual).

Os juízes do Trabalho julgam apenas os dissídios individuais, que são controvérsias surgidas nas relações de trabalho entre o empregador (que pode ser um indivíduo ou uma instituição) e o empregado (este sempre como indivíduo, pessoa física). Esse conflito chega à Vara do Trabalho na forma de reclamação trabalhista.

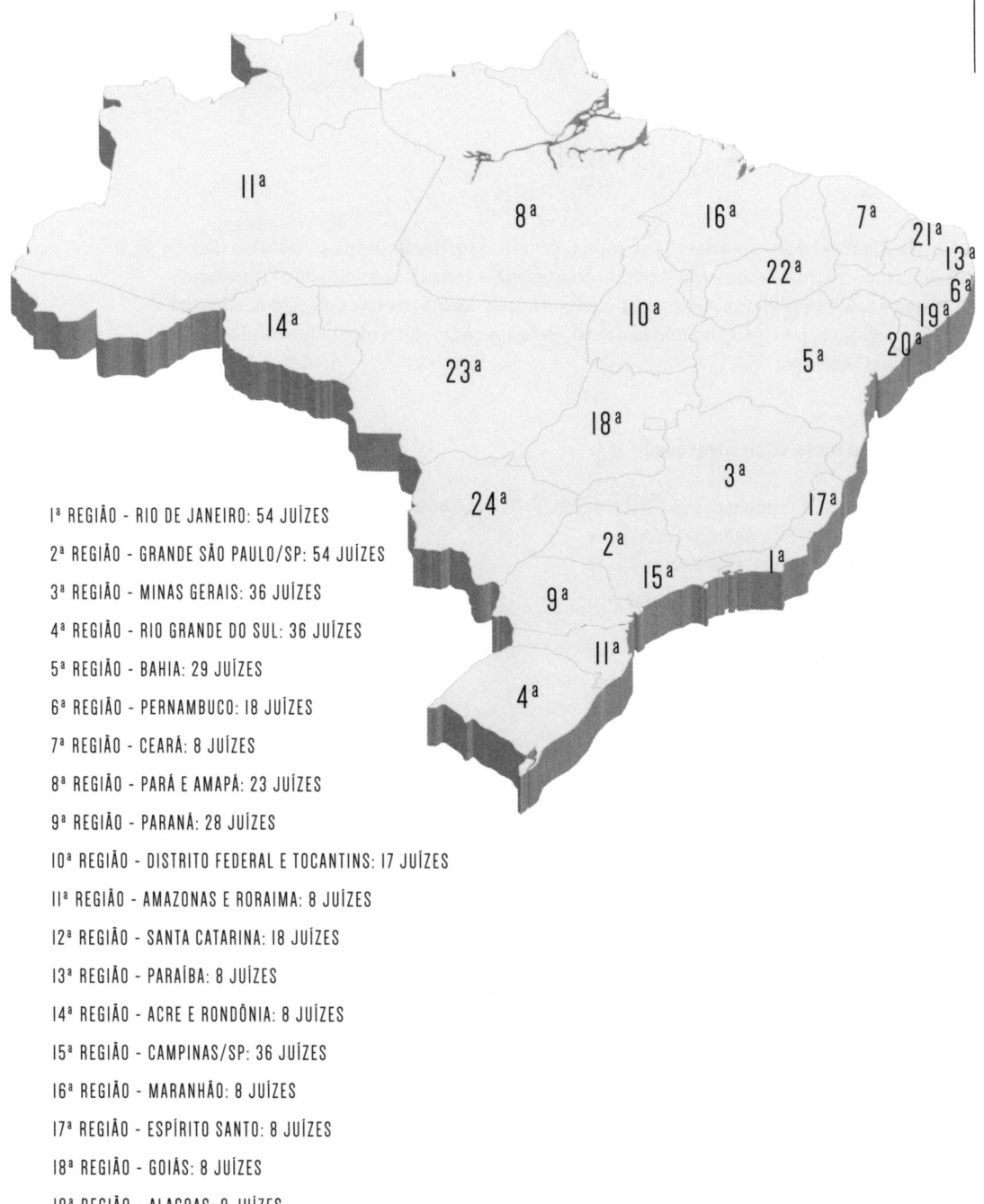

1ª REGIÃO - RIO DE JANEIRO: 54 JUÍZES
2ª REGIÃO - GRANDE SÃO PAULO/SP: 54 JUÍZES
3ª REGIÃO - MINAS GERAIS: 36 JUÍZES
4ª REGIÃO - RIO GRANDE DO SUL: 36 JUÍZES
5ª REGIÃO - BAHIA: 29 JUÍZES
6ª REGIÃO - PERNAMBUCO: 18 JUÍZES
7ª REGIÃO - CEARÁ: 8 JUÍZES
8ª REGIÃO - PARÁ E AMAPÁ: 23 JUÍZES
9ª REGIÃO - PARANÁ: 28 JUÍZES
10ª REGIÃO - DISTRITO FEDERAL E TOCANTINS: 17 JUÍZES
11ª REGIÃO - AMAZONAS E RORAIMA: 8 JUÍZES
12ª REGIÃO - SANTA CATARINA: 18 JUÍZES
13ª REGIÃO - PARAÍBA: 8 JUÍZES
14ª REGIÃO - ACRE E RONDÔNIA: 8 JUÍZES
15ª REGIÃO - CAMPINAS/SP: 36 JUÍZES
16ª REGIÃO - MARANHÃO: 8 JUÍZES
17ª REGIÃO - ESPÍRITO SANTO: 8 JUÍZES
18ª REGIÃO - GOIÁS: 8 JUÍZES
19ª REGIÃO - ALAGOAS: 8 JUÍZES
20ª REGIÃO - SERGIPE: 8 JUÍZES
21ª REGIÃO - RIO GRANDE DO NORTE: 8 JUÍZES
22ª REGIÃO - PIAUÍ: 8 JUÍZES
23ª REGIÃO - MATO GROSSO: 8 JUÍZES
24ª REGIÃO - MATO GROSSO DO SUL: 8 JUÍZES

III. 6. A JUSTIÇA ELEITORAL

A Justiça Eleitoral é a responsável por todo o processo eleitoral, desde o cadastro do indivíduo como eleitor – momento a partir do qual ele é considerado cidadão –, passando pela escolha dos candidatos aos cargos eletivos e pela formação das coligações entre os partidos políticos, pela propaganda eleitoral, pela apuração dos votos, até a diplomação dos candidatos eleitos.

Organização da Justiça Eleitoral

A Justiça Eleitoral é composta pelo Tribunal Superior Eleitoral (TSE), pelos Tribunais Regionais Eleitorais (TREs), por Zonas Eleitorais e Juntas Eleitorais.

O TSE situa-se na cúpula da Justiça Eleitoral e assegura os meios efetivos para garantir à sociedade a manifestação da vontade de votar e ser votado. É formado por sete ministros, sendo três ministros do STF, dois ministros do STJ e dois advogados escolhidos em lista de seis indicados pelo STF, todos nomeados pelo presidente da República.

Órgãos da Justiça Eleitoral

```
        TRIBUNAL SUPERIOR
            ELEITORAL
                ▲
                |
        TRIBUNAIS REGIONAIS
            ELEITORAIS
                ▲
                |
    ┌───────────┴───────────┐
    JUÍZES              JUNTAS
  ELEITORAIS          ELEITORAIS
```

Em cada capital de estado e no Distrito Federal há um TRE composto por sete juízes. Não há concurso público para juiz eleitoral. Em cada TRE dois juízes são desembargadores do Tribunal de Justiça, dois são juízes de Direito, um é juiz do Tribunal Regional Federal, e dois são advogados escolhidos em uma lista de seis indicados pelo TJ, mediante eleição, pelo voto secreto. Um dos desembargadores do TJ será o presidente do TRE, e o outro será o vice-presidente. Já o corregedor regional eleitoral poderá ser qualquer dos outros membros, dependendo de como cada TRE se organizar.

As Zonas Eleitorais são compostas por juízes eleitorais, tendo cada zona um juiz titular. Os eleitores domiciliados em determinada Zona Eleitoral estarão sob a administração do respectivo juiz. Esses juízes também são nomeados pelo TRE entre os magistrados da Justiça Estadual. Os eleitores são cadastrados nas Seções Eleitorais, que ficam dentro de cada Zona Eleitoral.

Já as Juntas Eleitorais são órgãos específicos da Justiça Eleitoral – não há equivalentes nas demais Justiças. Trata-se de órgãos colegiados e provisórios, instituídos com a finalidade de apurar os votos. Com a implantação gradativa das urnas eletrônicas, o processo de apuração ficou mais rápido, além de ter aumentado a transparência na contagem dos votos recebidos pelos candidatos.

Por ser uma Justiça Especializada, a Justiça Eleitoral analisa apenas determinadas matérias, o que restringe o número de ações em comparação com as demais Justiças. Em 2013, tramitavam na Justiça Eleitoral, 509 mil processos, dos quais 365 mil estavam pendentes desde o ano anterior. Como nos anos anteriores os magistrados não conseguiam julgar a quantidade de processos recebidos, sempre havia uma sobra para os anos subsequentes. Afinal, os juízes eleitorais acumulam funções, ou seja, atuam em seu órgão de origem e na Justiça Eleitoral.

Em 2013, por exemplo, cada ministro do TSE teria que julgar 5.763 processos ao ano para zerar o estoque, além de cumprir suas outras funções. Com o processo de modernização do Poder Judiciário, a tendência é que também na Justiça Eleitoral os magistrados consigam acabar com as ações pendentes dos anos anteriores, diminuindo o tempo entre o início de um processo e sua decisão final.

A Justiça Eleitoral, além de julgar, também elabora normas internas de administração. Antes das eleições o TSE emite resoluções para regulamentar o processo eleitoral. Além disso, compete aos juízes eleitorais administrar todo o processo de inscrição e fiscalização dos registros dos eleitores. Nos demais ramos do Poder Judiciário, essa competência administrativa e normativa inclui menos obrigações. O juiz estadual, por exemplo, não tem a atribuição de expedir carteiras de identidade, trabalho que é realizado pelos institutos de segurança pública vinculados ao Poder Executivo.

A União é responsável por elaborar as leis concernentes ao Direito Eleitoral. As leis eleitorais serão sempre nacionais – não pode haver leis somente estaduais ou municipais.

Um pouco de História

No período da história brasileira que teve início com a Proclamação da República e se encerrou com a Revolução de 1930, eram comuns articulações de poder que poderiam ser chamadas de duvidosas. Entre elas, estava a "política dos governadores", que consistia no apoio recíproco entre candidatos a presidente da República e governadores dos estados. Havia, ainda, a "política do café com leite", de auxílio entre candidatos à presidência provenientes de São Paulo (que cultivava café) e de Minas Gerais (produtor de leite).

ELEIÇÕES A BICO DE PENA

> Nas eleições assim chamadas, o voto não era secreto, e sim "aberto". O sistema de poder vigente tomava três tipos de precaução para evitar surpresas nos resultados das eleições: primeiro, os chefes e caciques políticos, principalmente do interior, orientavam os eleitores a votar em determinados candidatos, e só neles, e para isso entregavam aos votantes uma "marmita" (pilha) de cédulas dos candidatos indicados; segundo, as atas das juntas apuradoras eram feitas para mostrar determinados resultados, nem sempre concordes com a contagem dos votos; terceiro, onde isso não era possível – nas capitais e grandes cidades de então, onde eram eleitos candidatos "indesejáveis", de oposição –, a Câmara e o Senado faziam a "verificação dos poderes" dos que se apresentavam para tomar posse. Nesse momento, muitos dos "indesejáveis" sofriam a "degola", ou seja, tinham seus mandatos invalidados pela Casa.

Para que os desonestos planos pudessem dar certo, era necessária a participação dos "coronéis", grandes proprietários de terras da época. Eles fraudavam o voto não secreto e a apuração através da chamada "eleição a bico de pena". Havia também os chamados "currais eleitorais", já que os eleitores de determinada localidade deveriam votar obrigatoriamente no candidato apadrinhado pelo coronel da região. Esse fenômeno político, denominado clientelismo eleitoral, foi muito bem analisado pelo jurista e ex-ministro do STF Victor Nunes Leal no livro *Coronelismo, enxada e voto*.

A classe média brasileira crescia no começo do século XX e mostrava-se cada vez mais insatisfeita com as fraudes eleitorais. Em 1922, surgiu assim um movimento de jovens oficiais, genericamente chamados de "tenentes", que reclamavam, entre outras coisas, o voto secreto e a criação da Justiça Eleitoral. De outro lado, o movimento operário brasileiro, de que participavam imigrantes que haviam podido presenciar a evolução do processo eleitoral em seus respectivos países, ajudou a pressionar o governo a adotar medidas no sentido de viabilizar a participação do povo nas escolhas políticas.

Com a finalidade de disciplinar todo esse contexto de eleições viciadas, em 1932 foi criada a Justiça Eleitoral, como uma das inovações trazidas por Getúlio Vargas em sua chegada ao poder. Extinta no período autoritário do Estado Novo (1937-1945), a mesma Justiça foi restabelecida pela Constituição de 1946, estando presente em todas as constituições que se seguiram até os dias atuais. Houve, certamente, fraudes na apuração das eleições durante esse período histórico, mas a criação da Justiça Eleitoral pavimentou o caminho para o fortalecimento da participação popular no processo eleitoral.

A abrangência dos eleitores foi alargada com o passar da história: os homens adultos, acima de 21 anos, somente puderam votar independentemente de sua renda com o advento da República em 1889; as mulheres, somente em 1932; os analfabetos e maiores de 16 anos, somente a partir da Constituição de 1988. Hoje o voto é obrigatório, e só não podem se alistar como eleitores os estrangeiros e os militares que se encontram no período de conscrição (serviço militar obrigatório).

Em 1996, foi lançada no Brasil a urna eletrônica. O equipamento, responsável pela automatização de 100% das eleições, hoje serve de modelo para diversos outros países, que vêm testando a capacidade da máquina para implantá-la em seus processos eleitorais.

Peculiaridades da Justiça Eleitoral

A Justiça Eleitoral difere das demais Justiças em inúmeros aspectos. Além de administrar e criar normas com mais intensidade que as outras, ela regulamenta um período específico, que é o período das eleições, mas não se limita a ele. Em síntese, é uma Justiça essencial à experiência democrática.

Primeiramente, não existe a carreira de juiz eleitoral. O que ocorre é que alguém que faz concurso para juiz estadual, por exemplo, pode acumular a função de juiz eleitoral, exercendo as duas funções ao mesmo tempo. Dessa forma, o juiz estadual mais antigo da comarca irá exercer a função de juiz eleitoral. Isso acontecerá por um período de dois anos, até que o próximo juiz na lista de antiguidade venha a desempenhar a função. O último a exercê-la vai então para o final da lista, e assim sucessivamente.

Outra peculiaridade da Justiça Eleitoral é que a permanência nos tribunais não é vitalícia. Os juízes eleitorais de segundo grau, dos TREs, e os ministros do TSE desempenham a função por dois anos, podendo exercê-la novamente apenas por igual período (por mais dois anos).

Também não há exigência do "quinto constitucional" na composição dos tribunais eleitorais – ou seja, não há obrigatoriedade de que um quinto dos juízes seja de advogados ou membros do Ministério Público. Tanto é que não há membros do MP como juízes em tribunais eleitorais. Além do mais, a OAB não interfere no processo de indicação dos advogados: uma lista com seis nomes é formada pelo Tribunal de Justiça local e enviada para o presidente da República, recaindo a nomeação apenas sobre dois de seus integrantes.

Os advogados nos tribunais eleitorais podem ultrapassar os 70 anos, ao contrário do que ocorre nos demais tribunais superiores (STJ, TST e STM). Por exemplo, o jurista José Geraldo Grossi foi reconduzido ao cargo de ministro do TSE em fevereiro de 2006, aos 73 anos.

III. 7. A JUSTIÇA MILITAR

A Justiça Militar talvez seja a mais peculiar de todas as Justiças Especializadas. Cabe a ela julgar crimes praticados por membros das Forças Armadas, ou seja, do Exército, Marinha e Aeronáutica, instituições pertencentes à União, bem como por membros das Polícias Militares e dos Corpos de Bombeiros Militares, pertencentes aos estados.

Na rotina de seu trabalho, bem como na vida pessoal, o militar, como qualquer outro cidadão, pode cometer crimes, atos que venham a ferir a lei e o obriguem prestar contas à Justiça. Um militar pode na verdade cometer dois tipos de crimes: crimes comuns, pelos quais responderá na Justiça Comum, e crimes previstos no Código Penal Militar (CPM). Se praticar algum crime previsto nessa lei especial, ele responderá perante a Justiça Militar da União. O crime de abuso de autoridade, por exemplo, quando praticado por um militar, está sujeito às sanções da Justiça Militar, uma vez que há previsão expressa de tal delito no CPM. Já o crime de tortura, mesmo sendo praticado por um militar dentro de um quartel, será julgado pela Justiça Comum. Para que um crime seja julgado pela Justiça Militar, a condição de militar deve estar presente à época da ocorrência, mesmo que posteriormente o acusado passe à condição de ex-militar.

Na área administrativa, em apoio à atividade-fim, a Justiça Militar da União, como qualquer outro ramo do Poder Judiciário, dispõe de servidores públicos civis, especializados em questões técnicas.

Diferentemente das Forças Armadas, pertencentes à União, as forças militares dos estados, como as Polícias Militares e os Corpos de Bombeiros Militares, são integradas por funcionários dos estados. Essas corporações são forças auxiliares do Exército Brasileiro, mas, quando seus membros cometem crimes previstos no CPM, são julgados pela Justiça Militar estadual, que integra a Justiça Estadual.

Um pouco de História

Ao chegar ao Brasil em 1808, Dom João VI precisava de instrumentos para organizar e administrar a antiga colônia, agora sede do reino. Já instalado no Rio de Janeiro, uma de suas primeiras providências foi criar uma lei instituindo o Conselho Supremo Militar e de Justiça.

Dom João e a seguir Dom Pedro I e Dom Pedro II presidiram o Conselho Supremo Militar e de Justiça até a Proclamação da República em 1889. Nesse ano, já sob a presidência do marechal Deodoro da Fonseca, e ainda não vinculado ao Poder Judiciário, o Conselho passou a se chamar Supremo Tribunal Militar. Cumpre ressaltar que a queda da monarquia foi muito influenciada pelo movimento originado nos quartéis, já que os militares estavam insatisfeitos com o baixo prestígio de que gozavam e com as promessas não cumpridas por Dom Pedro II após a Guerra do Paraguai (1864-1870).

Os tribunais militares brasileiros e seus juízes foram incluídos na estrutura do Poder Judiciário em 1934. Os militares ajudaram no fortalecimento do poder de Getúlio Vargas na década de 1930, e foram beneficiados pela modernização dos equipamentos das Forças Armadas após o apoio dado aos Estados Unidos na Segunda Guerra Mundial. Na Constituição de 1946 e na de 1967, a estrutura da Justiça Militar sofreu pequenas mudanças, até que a Constituição de 1988 estabeleceu a estrutura, composição e competência atuais da Justiça Militar da União.

Foi a Constituição de 1946 que alterou o nome do Supremo Tribunal Militar para Superior Tribunal Militar.

Organização da Justiça Militar

A Justiça Militar da União é composta pelo Superior Tribunal Militar (STM), órgão de cúpula, com sede em Brasília, e por juízes militares que atuam nas Auditorias Militares. O STM é assim um dos tribunais superiores do país, no mesmo nível que o STJ, o TST e o TSE, enquanto as Auditorias Militares são a primeira instância da Justiça Militar.

A Justiça Militar da União atua em todo o território nacional. Conta com 12 Circunscrições Judiciárias Militares, por onde se distribuem 20 Auditorias Militares, responsáveis pela aplicação das leis militares no Distrito Federal e nos 26 estados da Federação. As 12 Circunscrições Judiciárias Militares abrangem as seguintes unidades federativas:

1ª - Estados do Rio de Janeiro e Espírito Santo;

2ª - Estado de São Paulo;

3ª - Estado do Rio Grande do Sul;

4ª - Estado de Minas Gerais;

5ª - Estados do Paraná e Santa Catarina;

6ª - Estados da Bahia e Sergipe;

7ª - Estados de Pernambuco, Rio Grande do Norte, Paraíba e Alagoas;

8ª - Estados do Pará, Amapá e Maranhão;

9ª - Estados do Mato Grosso do Sul e Mato Grosso;

10ª - Estados do Ceará e Piauí;

11ª - Distrito Federal e estados de Goiás e Tocantins;

12ª - Estados do Amazonas, Acre, Roraima e Rondônia.

Órgãos da Justiça Militar da União

SUPERIOR TRIBUNAL MILITAR
▲
AUDITORIAIS MILITARES

Segundo a Constituição, mediante proposta do Tribunal de Justiça de um estado, uma lei estadual poderá criar a Justiça Militar estadual, constituída em primeiro grau pelos juízes de direito e pelos Conselhos de Justiça, e em segundo grau pelo próprio Tribunal de Justiça ou então por um Tribunal de Justiça Militar, nos estados em que o efetivo militar tiver mais de 20 mil integrantes.

A Justiça Militar também está envolvida no processo de modernização do Poder Judiciário. Em 2011, o número de processos baixados foi de 785. Já em 2012 foram baixados 691 processos, e no ano de 2013, 1.057 processos. Isso significa que a tendência é a diminuição da quantidade de processos aguardando julgamento e o consequente aumento da eficiência na prestação do serviço.

Composição e atuação do STM e das Auditorias Militares

O STM é formado por 15 ministros, sendo três almirantes de esquadra da Marinha, quatro oficiais-generais do Exército, três tenentes-brigadeiros do ar da Aeronáutica, três advogados e um membro do Ministério Público da Justiça Militar.

Em cada Auditoria Militar atua um juiz militar auditor e um juiz auditor substituto. Não há outra instância entre a Auditoria Militar e o STM. Assim, todos os recursos da Auditoria vão diretamente ao STM.

A primeira providência de uma autoridade militar, ao ter notícia da prática de um crime militar, é instaurar um Inquérito Policial Militar (IPM). O IPM é o equivalente a um inquérito feito pelo delegado de polícia. Encerradas as investigações, o IPM é enviado a um juiz auditor, que, por sua vez, o remete a um membro do Ministério Público Militar. Convencido das evidências do crime, o promotor militar oferece a denúncia ao juiz. Recebida a denúncia, é aberto o processo, e tem início a fase de levantamento de provas. Rejeitada a denúncia, o IPM é arquivado.

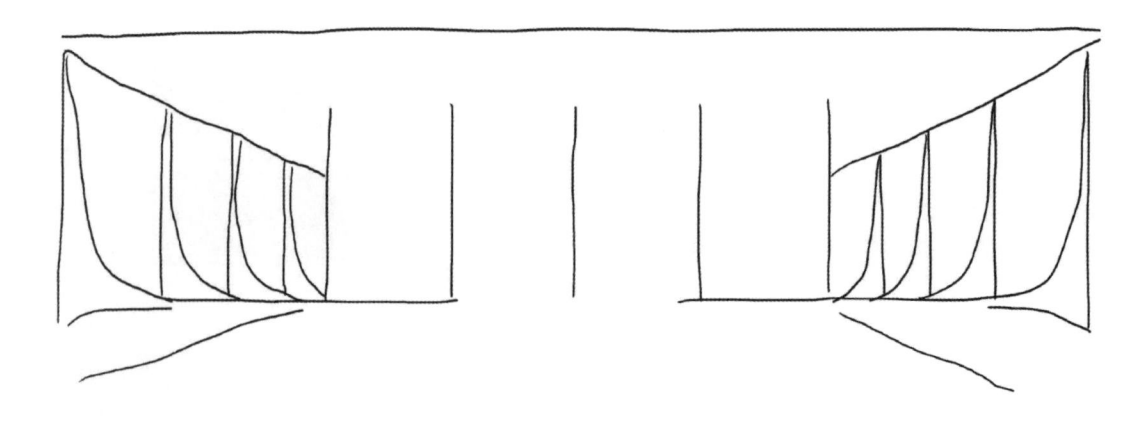

Ao dar início a um processo, o juiz auditor convoca um Conselho de Justiça. No caso do julgamento de praças – soldados, cabos e sargentos –, instala-se o chamado Conselho Permanente de Justiça, composto por quatro oficiais da mesma força do acusado. No caso do julgamento de oficiais, de tenentes a coronéis, é convocado o Conselho Especial de Justiça, composto por quatro oficiais da mesma força e de patente superior à do acusado. Ao lado do juiz auditor, eles vão promover o julgamento. Se o réu ou o promotor não concordarem com o resultado, poderão entrar com um recurso, que será julgado pelo STM.

HIERARQUIA MILITAR

Dentro da estrutura das Forças Armadas, o princípio ordenador é a hierarquia, que compõe a cadeia de comando a ser seguida por todos os integrantes das forças em sua estrutura organizacional. Há diferentes patentes atribuídas aos seus integrantes, diferenciando basicamente os oficiais (militares de patente superior) e os praças (militares de patente inferior). Cumpre ressaltar que as Forças Armadas, compostas por Exército, Aeronáutica e Marinha, se subordinam ao Poder Executivo e são comandadas pelo ministro da Defesa, cargo este ocupado por um civil.

Há ainda uma terceira possibilidade: se o acusado for um almirante, general ou brigadeiro (patentes que compõem o escalão superior da hierarquia das Forças Armadas), somente os ministros do STM poderão realizar o julgamento. Essa é a chamada competência originária do STM.

Nas cortes militares, atua sempre também um representante do Ministério Público Militar, na condição de fiscal da lei (aquele que observa sua correta aplicação). Quando necessário, atua também um representante da Defensoria Pública da União, na defesa de um réu que não pode pagar advogado.

Quais são os crimes previstos no Código Penal Militar?

De um modo geral, em tempos de paz, esses crimes podem ser definidos da seguinte maneira: crimes cometidos contra militares e contra o dever militar; crimes cometidos contra a administração e o patrimônio militar; ou crimes cometidos em locais sob administração militar.

O CPM também prevê punições para crimes cometidos em tempos de guerra. E na guerra, nos crimes mais graves, o acusado pode até ser condenado à pena de morte por fuzilamento. É o caso, por exemplo, da traição. Esse crime acontece quando um brasileiro pega em armas contra o Brasil ou um Estado aliado, ou quando presta serviço nas forças armadas de algum país que esteja em guerra com o Brasil.

Nos seus quase 200 anos de história, a Justiça Militar teve um papel decisivo na construção do Brasil de hoje. Coube a ela a responsabilidade de ser a guardiã da hierarquia e da disciplina militares, desempenhando seu papel constitucional na defesa da soberania, do território e do povo brasileiro. Atualmente, porém, muito se questiona o efetivo papel da Justiça Militar na prestação jurisdicional, diante dos pedidos da sociedade de desmilitarização da Polícia Militar e do enxugamento decorrente do número de baixas das Forças Armadas.

III. 8. O MINISTÉRIO PÚBLICO

Ao longo da história brasileira o Ministério Público foi ganhando espaço no cenário jurídico, como se verifica desde a primeira Constituição da República, de 1891, em que se faz alusão à escolha do procurador-geral, até a Constituição de 1988. Verifica-se também a positivação da sua atuação, nos Códigos de Processo Civil de 1939 e de 1973, como autor do processo ou como fiscal da lei, proferindo seus pareceres. Todavia, o grande marco do Ministério Público foi a Lei Complementar nº 40, de 14 de dezembro de 1981 – a Lei Orgânica Nacional do Ministério Público –, que criou as diretrizes para sua organização, mas seria posteriormente substituída pela Lei nº 8.625, de 12 de fevereiro de 1993. Com a Constituição de 1988, a instituição alcançou um status de poder constituído sem parâmetro no cenário mundial.

Os membros do Ministério Público ingressam na carreira mediante concurso público, exigindo-se três anos de experiência profissional. Após dois anos de exercício da função, alcançam a chamada vitaliciedade, o que significa que só podem ser demitidos por decisão judicial com trânsito em julgado. Passam assim a gozar das mesmas garantias da magistratura.

O Ministério Público, tal qual a magistratura, é dividido em setores, cada qual com administração, estrutura, e corpo próprio. As duas grandes divisões são o Ministério Público da União (MPU) – chefiado pelo procurador-geral da República – e os Ministérios Públicos dos Estados e do Distrito Federal. Por sua vez, o MPU se divide em Ministério Público Federal (MPF), Ministério Público do Trabalho (MPT), Ministério Público Militar (MPM) e Ministério Público Eleitoral.

O Ministério Público Federal (MPF)

O MPF é composto de procuradores da República e atua nas áreas de competência da Justiça Federal, isto é, crimes federais, fiscalização da Polícia Federal, questões indígenas e de nacionalidade, entre outras. O MPF ingressa com ações em nome da sociedade, oferece denúncias criminais e deve ser ouvido em todos os processos em andamento na Justiça

Federal que envolvam interesse público federal relevante, mesmo que não seja parte na ação. Nesse caso, sua atuação será a de fiscal da lei: deverá pugnar por sua correta aplicação, com o poder de recorrer contra as decisões judiciais proferidas em desacordo com ela.

Quando atuam na tutela coletiva, os procuradores defendem direitos referentes a temas como ordem econômica e consumidores; meio ambiente e patrimônio cultural; criança, idoso e portador de deficiência; comunidades indígenas; educação e saúde; previdência e assistência social; cidadania; direitos humanos, violência policial, entre outros.

A atuação do MPF ocorre perante a Justiça Federal, exclusivamente, e a Justiça Eleitoral, nos casos regulamentados pela Constituição e pelas leis federais.

O MPF também atua fora da esfera judicial, sobretudo na defesa dos seguintes direitos:

▲ Direitos difusos: aqueles que não são específicos de uma pessoa ou grupo de indivíduos, mas de toda a sociedade, como, por exemplo, o direito ao meio ambiente (direito de todos respirarem ar puro).
▲ Direitos coletivos: direitos de um grupo, categoria ou classe cujos membros sejam ligados entre si ou com a parte contrária por uma relação jurídica. Por exemplo, direitos dos adquirentes de imóveis financiados por um contrato da Caixa Econômica Federal.
▲ Direitos individuais homogêneos: direitos que têm uma origem comum e atingem as pessoas individualmente da mesma forma, como alguns direitos do consumidor. Por exemplo, o recall de automóveis com peças defeituosas.

O MPF pode intervir também em todas as fases do processo eleitoral. Nessa área, como não conta com número suficiente de membros em todo o território nacional, delega tal atribuição aos ministérios públicos estaduais, para atuação junto à Justiça Eleitoral de primeira instância.

Dentro da estrutura do MPF, há uma divisão de áreas de atuação. Essa divisão ocorre para especializar funções, garantindo que estas sejam cumpridas com mais eficiência. Algumas áreas de atuação do MPF são:

▲ Constitucional e infraconstitucional. Essa subdivisão tem a missão de alcançar os objetivos do MP previstos na Constituição por meio da análise de normas e atos do governo que possam ter violado a Constituição da República ou outras normas do Poder Público.
▲ Criminal e de controle externo da atividade policial. Essa área fiscaliza toda a atividade policial, podendo inclusive acessar livremente estabelecimentos de Polícia Judiciária, controlar irregularidades e abusos de poder, corrupção etc. Inclui também temas como lavagem de dinheiro e crimes financeiros, milícias, entre outros.
▲ Do consumidor e da ordem econômica. A ordem econômica abrange a defesa do consumo e da concorrência, a regulação da atividade econômica e as políticas públicas. É missão do MPF zelar pelo processo competitivo (normas de concorrência) na economia brasileira, com apoio nas normais legais e constitucionais que asseguram a liberdade econômica e de oportunidades.

▲ De meio ambiente e patrimônio cultural. O MPF atua em áreas como licenciamento ambiental para construção de rodovias e de usinas hidrelétricas, e até uso de transgênicos; recursos hídricos, focalizando a proteção de mananciais, saneamento básico e uso de agrotóxicos; fauna e flora, em temas como proteção a espécies ameaçadas, expansão imobiliária e desmatamento. Protege também a zona costeira, fiscalizando a ocupação irregular de praias, poluição por derramamento de óleo e saneamento em locais turísticos; saneamento e saúde pública, como abastecimento público, destinação de resíduos sólidos e poluição do ar, sonora, da água etc. , e patrimônio cultural, que envolve bens tombados, conjuntos arquitetônicos e tráfico ilícito de bens culturais.

▲ De direitos do cidadão. O MPF tem a função de zelar pelo efetivo respeito dos poderes públicos e dos serviços de relevância pública aos direitos assegurados pela Constituição, promovendo as medidas necessárias para a sua garantia. Entre os temas de atuação nessa área estão questões referentes à acessibilidade do portador de deficiência; alimentação adequada; criança e adolescente; direito à memória e à verdade; educação; populações atingidas pelas barragens; reforma agrária.

Essas são algumas atividades do MPF. Entre as questões de interesse da União, cabem ao MPF matérias residuais, já que os demais ramos do Ministério Público da União, como o Ministério Público do Trabalho, têm atribuições mais específicas, como se verá a seguir.

O Ministério Público do Trabalho (MPT)

O MPT atua junto à Justiça do Trabalho e é composto por procuradores do trabalho, que buscam dar proteção aos direitos fundamentais e sociais do cidadão diante de violações identificadas no campo trabalhista. O MPT não pode defender o empregado, e sim o emprego, o trabalho, visto como pilar econômico de desenvolvimento e sustentação de uma nação.

A Justiça do Trabalho tem sua existência atrelada à fragilidade dos direitos dos trabalhadores e à desigualdade estabelecida entre empregados e empregadores. Da mesma forma, deve haver um ramo especializado do Ministério Público voltado para as relações de trabalho, de modo a dar efetividade a esses direitos sociais.

Dentro da estrutura do MPT, assim como no MPF, existe uma divisão de áreas de atuação, com vistas a especializar funções e, assim, garantir que sejam cumpridas com mais efetividade. Em muitas áreas do interior do país há relatos de maus tratos aos trabalhadores, além da existência de trabalho escravo, e da chamada "escravidão por dívida", que precisa ser coibida pela atuação do MPT.

Algumas áreas de atuação do MPT são:

▲ Liberdade sindical. O MPT exerce a defesa da liberdade sindical e busca a pacificação dos conflitos coletivos trabalhistas. A liberdade sindical está entre as prioridades na atuação do MPT, que tem a missão institucional de fortalecer os sindicatos e coibir os atos que atentem contra o exercício satisfatório da liberdade sindical.

▲ Exploração do trabalho da criança e do adolescente. O MPT cuida das ações contra as variadas formas de exploração. As principais áreas temáticas de atuação são a prevenção e erradicação do trabalho infantil informal, a proteção de atletas mirins, o trabalho infantil artístico, a exploração sexual comercial, as autorizações judiciais para o trabalho antes da idade mínima, o trabalho infantil doméstico, o trabalho em lixões, entre outras.

▲ Erradicação do trabalho escravo e degradante. Com o objetivo de erradicar o trabalho em condições análogas às de escravo, o MPT investiga situações em que os trabalhadores são submetidos a trabalho forçado, servidão por dívidas, jornadas exaustivas ou condições degradantes de trabalho, como alojamento precário, água não potável, alimentação inadequada, desrespeito às normas de segurança e saúde do trabalho, falta de registro, maus tratos e violência.

▲ Meio ambiente do trabalho. Defesa do princípio constitucional de proteção do meio ambiente do trabalho. Por exemplo, o MPT garante condições de trabalho saudáveis em ambientes como frigoríficos, mineradoras e construção civil pesada, locais geralmente insalubres e que apresentam riscos aos trabalhadores.

▲ Fraudes trabalhistas. Concessionárias que terceirizam indevidamente seus serviços, empresas que realizam descontos não previstos no salário dos trabalhadores e instituições públicas que fornecem mão de obra própria a terceiros mediante contratos ou convênios – esses são exemplos de fraudes trabalhistas apuradas e denunciadas pelo MPT.

▲ Administração pública. Combate às irregularidades trabalhistas na administração pública, especialmente as contratações sem concurso público, à terceirização ilícita, ao desvirtuamento da contratação temporária e a empregos em comissão, além da improbidade administrativa.

O MPT tem como atribuição essencial as questões ligadas ao trabalho e ao bem-estar do trabalhador. A violação desses direitos sociais compromete não só os trabalhadores, mas a sociedade como um todo.

PROCURADORES E AUDITORES DO TRABALHO

A atuação do MPT na fiscalização das relações trabalhistas não se confunde com a atuação dos auditores do trabalho, que são funcionários vinculados ao Ministério do Trabalho e Emprego. Esses auditores têm poder para fiscalizar o cumprimento das normas da CLT, porém não têm capacidade para ingressar em juízo e propor ações civis públicas (ações para a defesa da coletividade e não apenas de um indivíduo).

O Ministério Público Militar (MPM)

O MPM é o ramo do MPU que atua junto à Justiça Militar. Seus membros são chamados de promotores militares. O MPU promove denúncias de crimes previstos no Código Penal Militar e por essa razão sua atuação se dá sempre na esfera penal.

Entre suas atribuições peculiares estão: promover a declaração de indignidade ou de incompatibilidade para a classe dos oficiais e exercer o controle externo da atividade da Polícia Judiciária Militar.

O Ministério Público Eleitoral

O Ministério Público Eleitoral não é uma instituição permanente, como o são o MPF ou o MPM. No Poder Judiciário não existe a carreira de juiz eleitoral, sendo essa função exercida temporariamente por juízes de direito, desembargadores e ministros, que a acumulam com suas funções originais. Da mesma forma, no Ministério Público não existe a carreira de procurador ou promotor eleitoral. São funções exercidas por membros do MPF (procuradores da República) e do Ministério Público Estadual (promotores de justiça).

Assim, o procurador-geral da República, chefe do MPU, exerce a função de procurador-geral eleitoral junto ao Tribunal Superior Eleitoral: assiste às sessões e se manifesta toda vez que entender necessário, defendendo a fiel observância das leis eleitorais, entre outras atribuições.

Nos Tribunais Regionais Eleitorais, segunda instância da Justiça Eleitoral, o procurador regional eleitoral será originário do MPF. Já nos estados que forem sede de um Tribunal Regional Federal, como o estado do Rio de Janeiro, os procuradores regionais eleitorais serão procuradores regionais da República.

Perante os juízes e Juntas Eleitorais, a função de Ministério Público Eleitoral será exercida pelos promotores de justiça do MP local – seja dos estados ou do Distrito Federal. Isso ocorre porque o MPF não tem procuradores da República em número suficiente, em todas as unidades da Federação, para o exercício da função.

O Ministério Público dos Estados (MPE)

O MPE não integra a estrutura do MPU. Da mesma forma que existe uma Justiça Estadual com atribuições específicas, cada estado da Federação possui um Ministério Público autônomo para executar as atividades estabelecidas pela Constituição Federal. Os MPEs, assim, investigam, têm a iniciativa de ações e fiscalizam o devido cumprimento da lei em âmbito estadual. Os membros do MPE são promotores de justiça (1ª instância) e procuradores de justiça (2ª instância).

Estrutura do MPE

Assim como acontece no MPF, dentro da estrutura do MPE existe uma divisão de áreas de atuação, com o objetivo de especializar as funções de cada órgão e, assim, garantir que elas sejam cumpridas com mais efetividade. São áreas de atuação do MPE:

▲ Promotorias de Justiça de Tutela Coletiva de Cidadania – têm por atribuição cobrar dos principais gestores estaduais e municipais uma saída viável para o cumprimento dos deveres que foram conferidos pela Constituição da República aos estados, Distrito Federal e municípios. Por outro lado, buscam também coibir ou conter o desvio de dinheiro público, fazendo-o retornar aos cofres públicos mediante a adoção de medidas judiciais que visam também à responsabilização civil/administrativa dos agentes públicos transgressores.

▲ Promotorias de Justiça de Defesa do Meio Ambiente – a Constituição da República garante a todos o direito a um meio ambiente equilibrado, essencial à qualidade de vida, impondo ao poder público e à coletividade o dever de protegê-lo e de preservá-lo para as presentes e futuras gerações. Nesse sentido, foi atribuída ao Ministério Público a titularidade da ação penal pública e a função de promover o inquérito civil e a ação civil pública para a proteção do meio ambiente e outros direitos difusos consagrados na Constituição. Atuando ao lado ou fiscalizando as atividades dos demais órgãos públicos, o MP é hoje um dos grandes personagens na tutela do meio ambiente, seja chamando poluidores à responsabilidade, seja interagindo e promovendo a interlocução com os setores sociais e econômicos e o poder público.

▲ Promotorias de Justiça de Proteção ao Idoso e à Pessoa com Deficiência – atuam na defesa dos direitos transindividuais de idosos e de pessoas com deficiência. Desempenham, ainda, a tutela individual do idoso em situação de risco social, a qual implica a aplicação de medidas protetivas e a propositura de demandas diversas, como as ações de interdição, de registro tardio de nascimento e de alimentos.

▲ Promotorias de Justiça de Tutela Coletiva de Cidadania – têm a atribuição de defender o consumidor e o contribuinte e atuar em prol de interesses difusos, coletivos e individuais homogêneos do consumidor e do contribuinte, quando dotados de relevância social. Atuam em casos envolvendo: qualidade, pesos e medidas de produtos alimentícios; preços e abastecimento; abatedouros clandestinos; combustíveis; publicidade enganosa e abusiva; proteção contratual (contratos bancários, cartões de crédito, financiamento, consórcios e questões imobiliárias); loteamento e incorporação; prestação de serviços educacionais; planos de saúde; seguros; transporte e turismo; fornecimento de serviços públicos (energia elétrica, água, telefonia e TV a cabo); combustíveis adulterados; medicamentos; práticas e cobranças abusivas; vícios e defeitos em produtos e serviços em geral; e outras hipóteses de lesão à coletividade de consumidores.

▲ Promotorias de Justiça Cíveis – intervêm nas ações de usucapião, nas ações de acidente do trabalho e nas ações cíveis que envolvam interesses de incapazes (menores e alienados mentais).

▲ Promotorias de Justiça em Matéria Empresarial – atuam como fiscal da lei nos processos de falência, de recuperação de empresas e ações de interesse das massas, bem como interpondo recursos contra decisões judiciais e ingressando com ações judiciais para a proteção do interesse econômico envolvido em toda falência e recuperação (crédito público).

▲ Promotorias de Justiça de Órfãos e Sucessões – funcionam em inventários, registros de testamento, declarações de ausência, arrolamentos e partilhas em que sejam interessados incapazes ou ausentes, bem como nas ações de tutela e curatela de incapazes. Tais órgãos de execução ostentam, ainda, legitimidade para promover ações de interdição nos casos disciplinados no Código Civil.

▲ Promotoria de Justiça de Fundações – tem a função de velar pelo bom funcionamento das fundações, fiscalizando a regularidade dos atos constitutivos, das respectivas alterações e dos atos extintivos. Para tanto, examina contas prestadas pelos administradores e promove auditorias, entre outras providências.

▲ Promotorias de Justiça junto às Varas Criminais – ostentam, entre outras, atribuição para atuar nos processos que tramitam nas varas criminais perante as quais oficiem, bem como nos inquéritos policiais iniciados por auto de prisão em flagrante.

▲ Promotorias de Justiça que atuam perante o Tribunal do Júri – oficiam nos processos que versam sobre crimes dolosos contra a vida (homicídios) e os delitos conexos, bem como nos inquéritos policiais que apuram os citados crimes, desde que iniciados por auto de prisão em flagrante.

▲ Promotorias de Justiça junto aos Juizados Especiais Criminais – apresentam atribuição atrelada aos processos ou procedimentos que versem sobre a prática dos chamados delitos de menor potencial ofensivo, definidos na Lei 9.099/95, além do oferecimento da chamada transação penal.

▲ Promotorias de Justiça de Investigação Penal – têm atribuição para funcionar em inquéritos policiais e em outras peças de informação ainda não distribuídas ao juízo criminal, exercendo o controle externo da atividade policial, bem como para requisitar diligências investigatórias e instauração de inquéritos policiais.

▲ Promotorias da Infância e da Juventude – existem para a proteção dos interesses das crianças e dos adolescentes, como, por exemplo, os direitos à vida, à saúde, à educação, à convivência familiar e comunitária, entre outros. Têm poderes para instaurar sindicâncias, requisitar diligências investigatórias e determinar a instauração de inquérito policial para a apuração de ilícitos ou infrações das normas de proteção à infância e à juventude. Fiscalizam as entidades públicas e particulares de atendimento e os programas voltados ao público infanto-juvenil, bem como exercem a fiscalização do processo de escolha e da atuação dos membros dos Conselhos Tutelares.

O MP também exerce importante papel no ordenamento do território urbano, verificando o cumprimento das normas urbanísticas, em especial quando da ocupação de áreas de risco e do parcelamento ilegal do solo, e buscando assegurar a efetiva participação popular.

A abrangência das áreas de atuação do MP impede que ele se ocupe de assuntos estranhos às suas funções. Assim, a Constituição cuidou de vedar ao MP a representação de órgãos públicos e a defesa de interesses individuais e disponíveis, tais como os direitos de vizinhança, os quais devem ser tutelados por intermédio de advogados ou da Defensoria Pública.

Como se verifica, o MPE, tal qual a Justiça Estadual, tem atribuição residual em relação aos Ministérios Públicos Federal, Militar e do Trabalho, atuando nos assuntos que afetam diretamente o dia a dia do cidadão, como verdadeiro guardião de seus direitos constitucionais.

O MPE também possui especializações, como maneira de propiciar maior celeridade e eficiência no dever de proteger os interesses da sociedade, seja fiscalizando a aplicação da lei, seja atuando como autor, propondo ações para a defesa do interesse coletivo, e não apenas de um indivíduo.

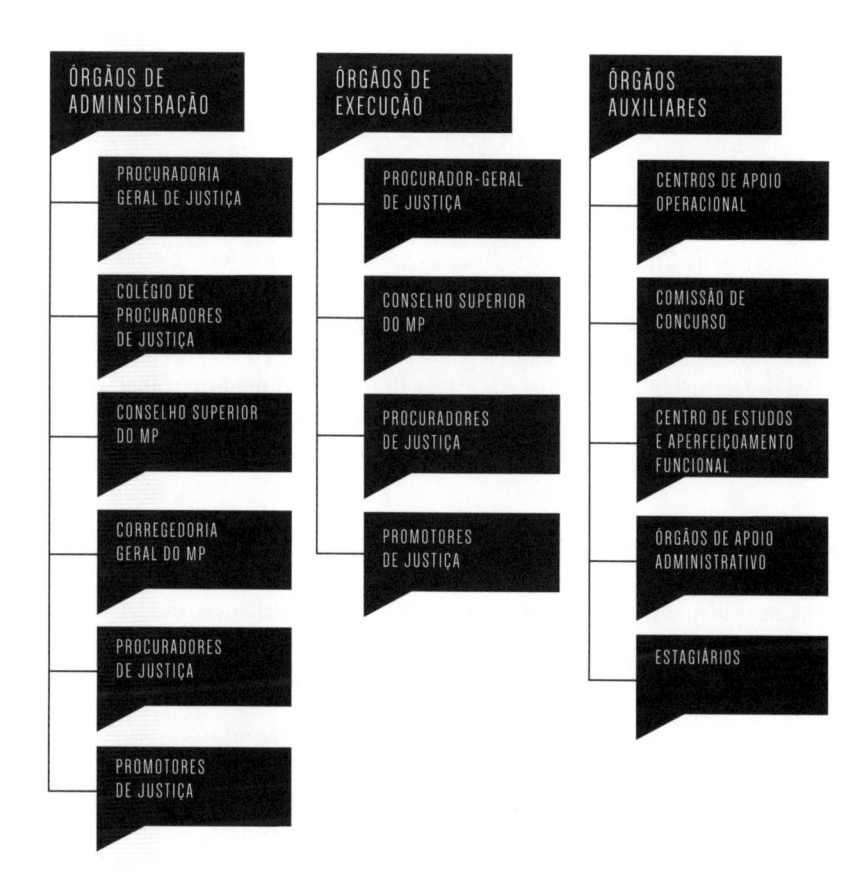

ÓRGÃOS DE ADMINISTRAÇÃO

- PROCURADORIA GERAL DE JUSTIÇA
- COLÉGIO DE PROCURADORES DE JUSTIÇA
- CONSELHO SUPERIOR DO MP
- CORREGEDORIA GERAL DO MP
- PROCURADORES DE JUSTIÇA
- PROMOTORES DE JUSTIÇA

ÓRGÃOS DE EXECUÇÃO

- PROCURADOR-GERAL DE JUSTIÇA
- CONSELHO SUPERIOR DO MP
- PROCURADORES DE JUSTIÇA
- PROMOTORES DE JUSTIÇA

ÓRGÃOS AUXILIARES

- CENTROS DE APOIO OPERACIONAL
- COMISSÃO DE CONCURSO
- CENTRO DE ESTUDOS E APERFEIÇOAMENTO FUNCIONAL
- ÓRGÃOS DE APOIO ADMINISTRATIVO
- ESTAGIÁRIOS

III. 9. A DEFENSORIA PÚBLICA

A Defensoria Pública, em uma primeira análise, é órgão essencial da Justiça e tem por função prestar serviços advocatícios para as pessoas que não têm condições de pagar os honorários de um advogado particular. Mais do que isso, trata-se de um instrumento de acesso à Justiça. O Brasil é um país em que a camada da população de baixa renda prepondera. Esse grupo de cidadãos só tem seus direitos garantidos na Justiça em razão da existência da Defensoria Pública, razão pela qual esta é vista como um órgão de transformação social.

Os defensores públicos ingressam na carreira mediante concurso público. Têm a garantia da inamovibilidade e são proibidos de exercer a advocacia privada. A Defensoria Pública é dividida entre a Defensoria Pública da União e a Defensoria Pública dos Estados.

A Defensoria Pública da União (DPU)

A DPU é instituição permanente, essencial à função jurisdicional do Estado, cabendo-lhe a orientação jurídica, a promoção dos direitos humanos e a defesa dos direitos individuais e coletivos dos necessitados.

Os defensores públicos da União atuam em diversas áreas, tanto na esfera coletiva quanto na individual. Além de ações civis públicas (ACPs) em prol dos direitos humanos, de portadores de necessidades especiais, consumidores, indígenas, quilombolas, comunidades tradicionais, os defensores atuam na área penal (crimes contra o sistema financeiro, crimes contra a ordem tributária, crimes contra a administração pública, tráfico internacional de drogas, júri federal etc.), tributária, de seguridade social (assistência social, previdência e saúde), trabalhista, internacional e muitas outras.

A Defensoria Pública Estadual (DPE)

As questões mais cotidianas levadas à Defensoria Pública são de atribuição das DPEs. Estas atendem quem deseja ingressar com uma ação na Justiça Estadual, e também quem precisa se defender em uma ação proposta contra si.

Desta forma, as DPEs atuam em qualquer tipo de ação judicial nas seguintes áreas:

▲ Família: temas como pensão alimentícia, separação, divórcio, união estável, regulamentação de visitas, investigação de paternidade (DNA), tutela, guarda de menores, adoção etc. A DPE também atua em temas de assistência de menores infratores, regulados no Estatuto da Criança e do Adolescente (ECA).

▲ Cível: problemas com vizinhos, regularização de imóveis, condomínios, aluguel, despejo, defesa do consumidor, indenizações, problemas de posse, inventários, alvarás etc.

▲ Fazenda pública: questões de fornecimento de medicamentos, de educação, indenizações contra o estado ou município, problemas com concursos públicos do estado e do município, previdência social do estado ou do município, multas, Detran, problemas com cobrança de impostos e taxas etc.

▲ Criminal: defesa dos acusados em processo criminal e acompanhamento do cumprimento da pena de quem foi condenado.

A Defensoria Pública, tanto da União quanto dos estados, antes de ingressar com uma ação sempre tenta a conciliação entre as partes. A tentativa de solução dos conflitos sem a necessidade de provocação do Judiciário contribui para o diálogo e o entendimento mútuo e para a resolução mais rápida das divergências. O CNJ promove anualmente a Semana Nacional de Conciliação com o intuito de resolver, de maneira amigável e por meio de acordos, eventuais conflitos. Ao abraçar esse programa, as Defensorias Públicas da União e dos estados desempenham um papel significativo.

As ações oferecidas pela Defensoria Pública são, em geral, voltadas para a camada populacional que não tem recursos financeiros. Dessa forma, a atuação da Defensoria é fundamental para garantir o "direito a ter direitos" – ou seja, a ver realizados todos aqueles direitos e liberdades individuais, sociais, políticos etc. previstos na Constituição Federal, incluindo o acesso à Justiça e igualdade entre as partes.

O acesso à Justiça se manifesta com a possibilidade de um cidadão se manifestar em um processo e se defender plenamente. Esses princípios constitucionais são de extrema importância para um Estado Democrático de Direito. Sem eles, o Estado teria fechado os olhos para a desigualdade de condições e de possibilidades presente na sociedade, sem qualquer perspectiva de mudança.

A Defensoria Pública da União e dos estados constitui um instrumento essencial para a efetivação da Justiça, na medida em que pleiteia, em juízo, a defesa dos direitos das pessoas carentes. Ao mesmo tempo, a Defensoria Pública trabalha para a promoção da igualdade do indivíduo, o que fortalece um dos pilares da democracia e do Estado de Direito.

MULTIRÃO CARCERÁRIO

Existem no sistema penitenciário brasileiro milhares de presos que já cumpriram suas penas e há muito deveriam estar em liberdade. A Defensoria Pública tem importante papel nessa questão, através dos chamados mutirões carcerários. Esses mutirões, de iniciativa do CNJ, têm como objetivo evitar que pessoas fiquem presas irregularmente, bem como prestar atendimento aos presos de baixa renda ou criar meios de reinserção social para ex-detentos.

CAPÍTULO IV

AS MATÉRIAS DA JUSTIÇA

IV.I. O SUPREMO TRIBUNAL FEDERAL (STF)

O STF, como já foi dito, é a mais alta corte do Poder Judiciário brasileiro, à qual compete a guarda da Constituição. Na prática, cabe-lhe julgar um rol extenso de ações apontadas pela Constituição como matérias de sua competência.

Antes de tudo, cabe ao STF analisar se as leis e outros atos normativos editados em todo o território nacional são compatíveis ou não com os preceitos da Constituição – análise denominada controle de constitucionalidade. Podem assim chegar ao STF, através de recurso, processos envolvendo leis de qualquer origem, federais, estaduais ou municipais. Tal situação é bem diferente da que ocorre nos EUA, por exemplo, onde a Suprema Corte só julga processos que envolvam leis federais.

De fato, a quantidade de processos encaminhados ao STF é bem maior do que a que é encaminhada às cortes supremas de outros países. Para lidar com essa demanda, o STF conta com uma boa estrutura de pessoal e com alguns instrumentos, como a exigência, introduzida em 2004 pela Reforma do Judiciário, de que seja demonstrada a repercussão geral das questões a serem tratadas. O objetivo desse filtro é possibilitar que, com base em critérios de relevância jurídica, política, social ou econômica, o STF selecione os recursos que irá analisar, e ocorra uma redução no número de processos a ele encaminhados. Ainda assim, o número de casos julgados por ano pelo STF é alto. A Suprema Corte dos Estados Unidos também possui mecanismo semelhante ao da repercussão geral, mas as hipóteses de admissão dos recursos são bastante restritas, a fim de evitar uma "avalanche" de ações.

Além da repercussão geral, outra medida para melhorar a prestação da Justiça instituída em 2004 com a Reforma do Judiciário foram as metas de desempenho da Justiça, destinadas a diminuir o tempo dos processos e a reduzir o acúmulo dos anos anteriores. Com isso, o STF tem julgado mais processos do que a quantidade que lhe é distribuída anualmente. Em 2014, por exemplo, foram proferidas 114.405 decisões (colegiadas e monocráticas). Isso significa que cada ministro julgou em média 10.400 processos em um ano.

A partir de seus julgamentos, qualquer tribunal pode elaborar suas súmulas (sumários, resumos), enunciados que traduzem o entendimento daquela corte a respeito de um tema específico, que teve julgamento reiterado em diversos casos análogos. A súmula tem a finalidade de tornar pública a jurisprudência e promover a uniformidade das decisões, evitando posturas contraditórias. A Súmula da Jurisprudência Dominante do STF cumpre esse papel. Uma particularidade, porém, do STF, como corte constitucional, é que, em determinados casos e pelo voto de dois terços dos ministros, ele pode editar súmulas de caráter vinculante, que tornam o entendimento de uma matéria obrigatório para os tribunais inferiores e para outros poderes. Até dezembro de 2013, o STF tinha editado 32 súmulas vinculantes.

As ações que compete ao STF julgar, arroladas no art. 102 da Constituição, podem ser originárias ou recursais. As primeiras são aquelas iniciadas diretamente no próprio STF, enquanto as segundas são aquelas iniciadas em algum órgão jurisdicional abaixo do STF, e a ele encaminhadas sob a forma de recursos.

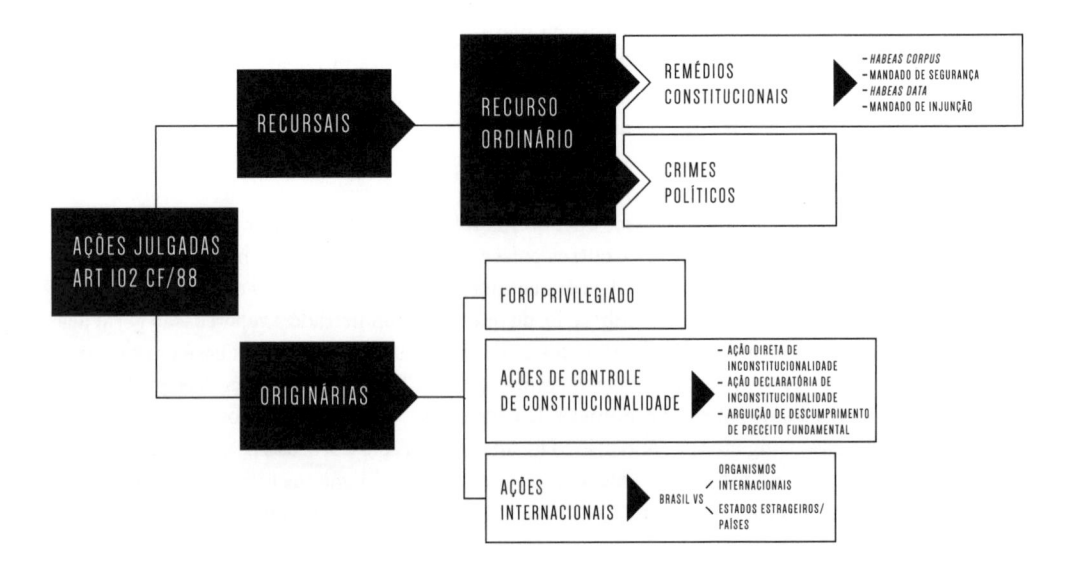

AÇÕES JULGADAS ART 102 CF/88

- RECURSAIS
  - RECURSO ORDINÁRIO
    - REMÉDIOS CONSTITUCIONAIS
      - *HABEAS CORPUS*
      - MANDADO DE SEGURANÇA
      - *HABEAS DATA*
      - MANDADO DE INJUNÇÃO
    - CRIMES POLÍTICOS
- ORIGINÁRIAS
  - FORO PRIVILEGIADO
  - AÇÕES DE CONTROLE DE CONSTITUCIONALIDADE
    - AÇÃO DIRETA DE INCONSTITUCIONALIDADE
    - AÇÃO DECLARATÓRIA DE INCONSTITUCIONALIDADE
    - ARGUIÇÃO DE DESCUMPRIMENTO DE PRECEITO FUNDAMENTAL
  - AÇÕES INTERNACIONAIS (BRASIL VS)
    - ORGANISMOS INTERNACIONAIS
    - ESTADOS ESTRAGEIROS/PAÍSES

IV. I. I. COMPETÊNCIA ORIGINÁRIA DO STF

Algumas ações são tão importantes que são julgadas diretamente pelo STF, sem passar por outro juiz. Isso acontece quando se discute se uma lei é contrária à Constituição ou quando algumas autoridades estão envolvidas em determinados casos.

Ações de controle de constitucionalidade

Controlar a constitucionalidade de uma lei ou de um ato normativo significa verificar sua compatibilidade com a Constituição, através da análise de seus requisitos formais e materiais. Os requisitos formais dizem respeito à maneira como a lei foi elaborada, às formalidades do processo legislativo, que devem estar de acordo com o que manda a Constituição. Os requisitos materiais, por sua vez, dizem respeito ao conteúdo da lei, que também deve traduzir a vontade constitucional.

Esse controle pode ocorrer de forma preventiva, evitando que normas não compatíveis com a Constituição (inconstitucionais) venham a entrar em vigor, ou de forma repressiva, quando o Judiciário retira do ordenamento jurídico uma lei já existente, porém contrária à Constituição. O Brasil tem dois sistemas para controlar a constitucionalidade das leis de forma repressiva, através do Poder Judiciário: o controle difuso ou concreto e o controle concentrado ou abstrato.

O controle difuso ou concreto permite que qualquer juiz ou tribunal analise a compatibilidade do ordenamento jurídico com a Constituição em cada caso levado ao seu conhecimento. Tal controle ocorre quando o Poder Judiciário, ao decidir sobre um caso qualquer, analisa, a pedido das partes ou por iniciativa do próprio juiz, se a lei que fundamenta a questão é ou não constitucional. Caso o órgão que esteja julgando a questão entenda que a lei é inconstitucional, ele afasta a aplicação da lei apenas àquela questão.

O controle concentrado ou abstrato decorre da necessidade de que um único órgão possa exercer o controle de constitucionalidade de todas as leis em um debate sobre a própria lei, e não sobre um conflito concreto. Esse controle é exercido pelo STF, que, mediante determinadas ações, declara a inconstitucionalidade ou não de leis, independentemente da existência de um caso concreto. Esse tipo de controle é chamado de concentrado ou abstrato justamente por analisar as leis em tese, verificando se seu conteúdo está de acordo com a Constituição independentemente da existência de um conflito real. A decisão de inconstitucionalidade de uma lei é válida para todos os tribunais e juízes do país.

Os ocupantes de alguns cargos definidos em lei, como o presidente da República, os governadores dos estados, o procurador-geral da República, entre outros, podem propor ações cujo objeto principal é a declaração da inconstitucionalidade ou não de determinada lei. Eles não precisam ter um direito seu lesado para ingressar com uma ação pedindo que seja reconhecida a inconstitucionalidade de uma lei. Além desses atores, os órgãos especiais dos Tribunais de Justiça de cada estado também têm competência para declarar a inconstitucionalidade das leis estaduais e municipais.

As ações de controle concentrado da constitucionalidade previstas na Constituição são a ação direta de inconstitucionalidade, a ação declaratória de constitucionalidade e a arguição de descumprimento de preceito fundamental. A ação direta de inconstitucionalidade visa a retirar do ordenamento jurídico uma lei ou ato normativo incompatível com a ordem constitucional. Já a ação declaratória de constitucionalidade destina-se a preservar a constitucionalidade de um dispositivo legal que esteja passando por questionamentos de juízes e tribunais inferiores ao STF. A arguição de descumprimento de preceito fundamental (ADPF), por sua vez, evita uma possível lesão a um preceito fundamental da Constituição realizada pelo poder público.

A decisão do STF nesses casos aplica-se a todos e não somente às partes, e tem efeitos retroativos, ou seja, vale desde o momento da criação da lei em questão.

Foro por prerrogativa de função

CRIME COMUM

Crime comum é aquele passível de ser cometido por qualquer pessoa, independentemente de seu cargo ou função. Crimes de responsabilidade, por sua vez, são aqueles cometidos por autoridades e que guardam relação com o trabalho destas – são exemplos a recusa de um ministro de Estado a comparecer a alguma das Casas do Congresso Nacional quando convocado, ou ainda qualquer ato praticado pelo presidente da República que não respeite a Constituição.

Algumas autoridades públicas, quando acusadas de crimes comuns ou crimes de responsabilidade, só poderão ser julgadas diretamente por órgãos de segundo grau e tribunais superiores. Isso é chamado de foro por prerrogativa de função.

Nas infrações penais comuns (crimes comuns), o STF julgará o presidente da República, o vice-presidente, os membros do Congresso Nacional, seus próprios ministros e o procurador-geral da República. E tanto nas infrações penais comuns como nos crimes de responsabilidade, o STF julgará os ministros de Estado, os ministros dos tribunais superiores, os do Tribunal de Contas da União e os chefes de missão diplomática de caráter permanente.

EXTRADIÇÃO

> Extradição é um processo oficial pelo qual um Estado estrangeiro solicita a entrega de pessoa condenada em seu território pela prática de um crime. Há uma série de requisitos específicos para que o processo de extradição seja efetivado, e uma regra bem conhecida é que os países não costumam extraditar seus nacionais, mesmo se tiverem praticado crime no exterior.
>
> Um caso importante de extradição anunciado na mídia foi de Cesare Battisti, italiano condenado pela prática de crimes na Itália durante a década de 1980. O STF entendeu que sua extradição era legal e não violava a Constituição, porém o presidente da República não acatou a decisão do STF, deixando de extraditar Battisti para a Itália.

Ações internacionais

No que diz respeito às ações envolvendo Estados ou instituições estrangeiras, é o STF que deve apreciar os pedidos de extradição, bem como o litígio entre uma instituição estrangeira e um ente federativo brasileiro. A Emenda Constitucional nº 45 estendeu ao STJ a apreciação de matérias internacionais, sem revogar a competência já sustentada pelo STF.

IV. I. 2. COMPETÊNCIA RECURSAL DO STF

Por ser a última instância do Poder Judiciário, é possível que uma causa originada em outro tribunal chegue ao STF, se as partes recorrerem de alguma decisão. Os recursos cabíveis ao STF são o recurso ordinário e o recurso extraordinário.

Recurso ordinário

O recurso ordinário é aquele que pode ser utilizado em algumas ações que começam nos tribunais superiores e Tribunais de Justiça. Proferidas as decisões por tais tribunais, os recursos interpostos irão ao STF para que este os julgue. As hipóteses de cabimento de recurso ordinário são as seguintes:

a) Remédios constitucionais

A Constituição prevê alguns instrumentos dos quais a sociedade pode se utilizar em casos extremos e de caráter urgente. São os chamados remédios constitucionais, entre os quais figuram o *habeas corpus*, o *habeas data*, o mandado de segurança, o mandado de injunção, a ação popular e a ação civil pública.

O recurso ordinário é cabível no julgamento de *habeas corpus*, *habeas data*, mandado de segurança e mandado de injunção, quando julgados por tribunais superiores. A seguir, uma breve explicação de cada um desses instrumentos:

Habeas corpus

O *habeas corpus*, do latim "que tenha corpo", é o remédio constitucional que se destina a proteger o indivíduo contra medida de alguma autoridade pública que interfira em seu direito de ir e vir. A medida que restringe o direito de locomoção, para ser objeto do *habeas corpus*, deve ser ilegal ou praticada com abuso de poder. Dessa forma, o ato de levar alguém preso nem sempre poderá ser objeto de *habeas corpus*. Se a prisão ocorrer em flagrante, por exemplo, o ato é legal, e portanto não cabe reclamação através desse remédio constitucional.

O *habeas corpus* protege contra lesão ou ameaça a direito. Isso significa que a restrição à liberdade de locomoção pode ser tanto atual, existente, como futura, configurando uma ameaça da qual a pessoa procura se proteger. Qualquer pessoa pode pedir um *habeas corpus*, desde que saiba que alguém está sendo preso injustamente. O pedido pode ser feito em qualquer pedaço de papel, e não é necessário pagar para ingressar com a ação, assim como não é necessária a presença de um advogado. Como afirmou o ministro Gilmar Mendes, do STF, no julgamento do HC 82.859, uma pessoa presa ou um parente seu pode apresentar um pedido de habeas corpus escrito em um "papel de pão".

Mandado de segurança

Os mandados de segurança se aplicam no caso de lesão ou ameaça a direitos não protegidos por outros remédios, que sejam violados por autoridades públicas ou agentes particulares que atuem em função pública – como uma universidade privada, por exemplo. Em síntese, o mandado de segurança é o remédio constitucional que protege os seguintes tipos de direito: direito líquido e certo, ou seja, de existência inquestionável, de acordo com as provas documentais disponíveis; direito individual ou coletivo; direito que não seja protegido por *habeas corpus* ou *habeas data*; e direito ameaçado ou violado por autoridade pública ou agente particular no exercício de atribuições do poder público.

Habeas data

Essa ação, prevista na Constituição, visa garantir o acesso aos dados, e é utilizada quando alguma autoridade pública se recusa a fornecer informações e dados guardados em seus bancos públicos. O objetivo é proteger o direito de informação do cidadão. Após a abertura dos "arquivos e porões da ditadura militar", muitos presos políticos ingressaram com esse tipo de remédio constitucional para ver quais queixas pesavam sobre eles durante o regime militar.

Mandado de injunção

Esse remédio constitucional procura dar concretude a um direito fundamental que não foi previsto pelo legislador. Em outros termos, em caso de omissão da lei, é possível que o Poder Judiciário, em determinado caso concreto, faça valer um direito inerente ao indivíduo.

b) Crimes políticos

O recurso ordinário é cabível também nos casos de crime político julgados por juízes federais de primeira instância. Este é um caso peculiar, pois é a única hipótese em que, de uma decisão de um órgão de primeiro grau – no caso, o juiz federal –, se aplica um recurso que leva o caso diretamente à mais alta instância do Judiciário. A regra é que todo recurso seja analisado pela instância imediatamente acima, e entre a primeira instância e o STF há instâncias intermediárias, como o TRF e o STJ.

> **CRIME POLÍTICO**
>
> *Crime político é aquele caracterizado por atos ou omissões que prejudicam o interesse da chamada Lei de Segurança Nacional de um determinado país em determinado momento histórico. A Constituição dá tratamento benéfico ao crime político, negando a extradição do autor.*
>
> *Um crime não deixa de ser comum para ser político somente porque foi praticado com motivações políticas ou por um político. Assim, se um político matar um colega, o crime será de homicídio comum. Um exemplo de crime considerado político foi o praticado por Nelson Mandela (falecido em dezembro de 2013), que, por se opor ao* apartheid *(discriminação racial), foi condenado a vários anos de prisão na África do Sul.*

Recurso extraordinário

O recurso extraordinário é o meio processual de questionar, no STF, uma decisão proferida por outro tribunal que viole as regras da Constituição. O objetivo é a uniformidade de interpretação das normas previstas na Constituição, e não a defesa do interesse das pessoas que estão na relação processual (autor e réu do processo). O recurso é cabível quando a decisão dos tribunais contrariar a Constituição; declarar a inconstitucionalidade de tratado ou lei federal; julgar válida lei ou ato de governo local contestado em face da Constituição; e julgar válida lei local contestada em face de lei federal.

Concluindo, para que um recurso seja analisado pelo STF, algumas condições precisam ser preenchidas. Assim, o STF só analisa questões que já foram enfrentadas em outros tribunais; não examina provas, somente matéria de direito; exige que seja demonstrada a repercussão geral, ou a relevância, da matéria questionada.

IV. 2. O SUPERIOR TRIBUNAL DE JUSTIÇA (STJ)

O STJ tem por função principal uniformizar a interpretação das leis federais em todos os tribunais do Brasil. Para que possa cumprir melhor sua missão, é dividido em seções que tratam de áreas diferentes do direito. Como foi visto no capítulo III, o STJ é composto por três seções de julgamento, cada uma delas formada, por sua vez, por duas turmas, contando cada uma com cinco ministros.

Quando há divergência de interpretação do Direito entre as turmas de uma mesma seção, os processos são enviados à seção – ou seja, as duas turmas reunidas julgam o caso, para uma decisão uniforme. Quando há divergência de interpretação entre turmas de diferentes seções, o exame da questão é realizado pelo órgão especial do STJ. Mesmo o STJ, que uniformiza o entendimento das leis no Brasil, tem um órgão que uniformiza sua jurisprudência interna, para que assim a interpretação da lei federal seja a mesma em todo o território nacional. Como também já foi dito, a extensão do território do Brasil, de proporções continentais, representa um enorme desafio para a uniformização da legislação federal.

CÓDIGOS

No Brasil, existem códigos que disciplinam determinadas matérias, conjugando as leis para melhor aplicação do Direito. Como exemplo, podem ser citados o Código Penal, o Código Civil, o Código de Processo Penal, o Código de Processo Civil, o Código de Águas, o Código de Minas, entre outros. É interessante mencionar que foi sancionado pela Presidência da República o novo Código do Processo Civil que entra em vigor em março de 2016 e tramita no Congresso Nacional o projeto do novo Código Comercial.

A 1ª Seção do STJ, composta por ministros da 1ª e da 2ª Turmas, aprecia matérias de Direito Público, com destaque para questões administrativas e tributárias, mandados de segurança contra ministros de Estado, entre outros temas.

A 2ª Seção, composta por ministros da 3ª e da 4ª Turmas, decide sobre matérias de Direito Privado, examinando questões de Direito Civil e Comercial.

Já a 3ª Seção, composta por ministros da 5ª e da 6ª Turmas, julga causas que envolvam matérias de Direito Penal, como *habeas corpus*, bem como questões previdenciárias, mandados de segurança contra ministros de Estado e matérias de Direito Público e Privado não cobertas pela 1ª e 2ª Seções.

No STJ as turmas reúnem-se com a presença de ao menos três dos cinco ministros. As causas criminais, na existência de um réu preso, e os *habeas corpus* têm prioridade de julgamento.

As funções administrativas do STJ são exercidas pelo plenário, integrado pela totalidade dos ministros do órgão, em número de 33.

O STJ julga um rol extenso de ações especificadas na Constituição da República e nos códigos brasileiros.

Assim como o STF, o STJ pode julgar ações originárias ou recursais, ou seja, ações iniciadas nele próprio ou a ele encaminhadas sob a forma de recursos.

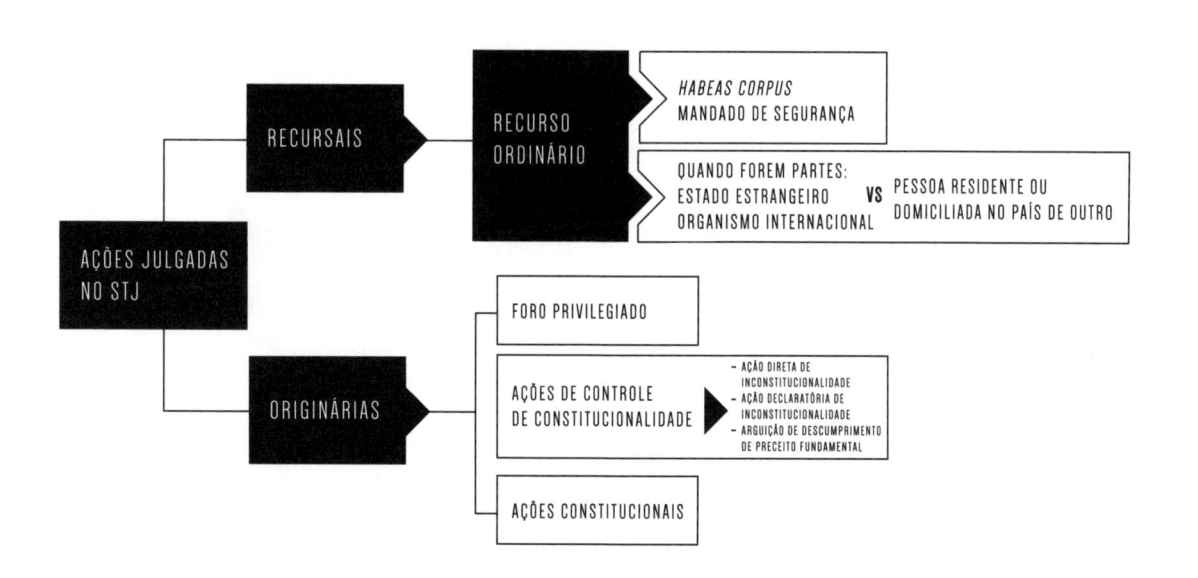

```
AÇÕES JULGADAS NO STJ
├── RECURSAIS
│   └── RECURSO ORDINÁRIO
│       ├── HABEAS CORPUS
│       │   MANDADO DE SEGURANÇA
│       └── QUANDO FOREM PARTES:
│           ESTADO ESTRANGEIRO
│           ORGANISMO INTERNACIONAL
│           VS
│           PESSOA RESIDENTE OU DOMICILIADA NO PAÍS DE OUTRO
└── ORIGINÁRIAS
    ├── FORO PRIVILEGIADO
    ├── AÇÕES DE CONTROLE DE CONSTITUCIONALIDADE
    │   ├── AÇÃO DIRETA DE INCONSTITUCIONALIDADE
    │   ├── AÇÃO DECLARATÓRIA DE INCONSTITUCIONALIDADE
    │   └── ARGUIÇÃO DE DESCUMPRIMENTO DE PRECEITO FUNDAMENTAL
    └── AÇÕES CONSTITUCIONAIS
```

IV. 2. I. COMPETÊNCIA ORIGINÁRIA DO STJ

Foro por prerrogativa de função

Como já foi dito a propósito do STF, determinadas autoridades públicas, quando acusadas de crimes comuns ou de crimes de responsabilidade, só poderão ser julgadas por um tribunal hierarquicamente acima de um órgão de primeira instância (juiz de uma vara da Justiça Estadual ou da Justiça Federal). A razão de tal regra é a proteção ao cargo, e não à pessoa que o ocupa.

O STJ é assim responsável pelo julgamento dos crimes comuns praticados pelos governadores dos estados e do Distrito Federal. Tanto nos crimes comuns como nos crimes de responsabilidade, cabe ao STJ processar e julgar os desembargadores dos Tribunais de Justiça dos Estados e do Distrito Federal, os membros dos Tribunais de Contas dos Estados e do Distrito Federal, os membros de Tribunais Regionais Federais, os membros dos Tribunais Regionais Eleitorais e do Trabalho, os membros dos Conselhos ou Tribunais de Contas dos Municípios e os membros do Ministério Público da União que atuem nos tribunais.

O STJ julga, ainda, os mandados de segurança e os *habeas data* contra atos de ministro de Estado; de comandantes da Marinha, do Exército e da Aeronáutica; e de seus próprios membros. O STJ aprecia também os *habeas corpus* quando o coator (aquele que prendeu injustamente alguém) ou o paciente (aquele que foi preso injustamente) for qualquer das pessoas mencionadas anteriormente ou quando o coator for tribunal sujeito à sua jurisdição.

Ações internacionais

O STJ aprecia a homologação de sentenças estrangeiras e a concessão de *exequatur* (ordem de execução) às cartas rogatórias. Essa atribuição foi introduzida pela Emenda Constitucional nº 45, de 2004, já que até então competia ao STF realizar a homologação de sentenças estrangeiras.

CARTA ROGATÓRIA

Carta rogatória é uma requisição feita por um país à Justiça de outro país; é, portanto, um instrumento de cooperação processual entre dois países. Há cooperação internacional para que um indivíduo não possa fugir de suas obrigações apenas porque atravessou uma fronteira nacional. Assim, a prisão decretada em um país pode ser efetuada em outro, por meio de carta rogatória. Quando um tribunal estrangeiro manifesta, por exemplo, o desejo de ouvir uma testemunha brasileira, é o STJ que decidirá sobre o atendimento desse pedido.

Ações institucionais

O STJ julga conflitos de competência surgidos quando mais de um juiz se considera capaz de julgar uma ação, ou ainda quando nenhum juiz entende que deve julgar um caso específico. Imagine-se um conflito entre um baiano e um mineiro, na divisa entre Bahia e Minas Gerais. O baiano entra com uma ação na Justiça na Bahia, e o mineiro faz o mesmo em Minas. Cada tribunal pensa ser o responsável pela solução do problema, e surge assim um conflito de competência.

A Constituição prevê que os conflitos de competência entre quaisquer tribunais inferiores devem ser decididos pelo STJ. Já quando houver conflito de competência nos tribunais superiores (STJ e TST, por exemplo), o caso será levado ao STF.

IV. 2. 2. COMPETÊNCIA RECURSAL DO STJ

Os recursos cabíveis ao STJ são o recurso ordinário e o recurso especial.

Recurso ordinário

O recurso ordinário ao STJ, diferentemente daquele destinado ao STF, será utilizado quando decisões dos Tribunais Regionais Federais e dos Tribunais de Justiça dos Estados e do Distrito Federal e Territórios negarem um pedido de *habeas corpus* ou um mandado de segurança.

Caberá, ainda, esse tipo de recurso nas causas em que as partes forem um Estado estrangeiro ou organismo internacional, de um lado, e um município ou pessoa residente ou domiciliada no país, do outro. Para ilustrar, suponha-se que a ONU, organização internacional, mova uma ação contra uma pessoa que more no Brasil. Se a ação for julgada em primeira instância por um juiz federal que decida a favor das Nações Unidas, a pessoa poderá utilizar o recurso ordinário ao STJ. Ressalte-se que esta é uma exceção, pois em regra o recurso de uma decisão de um juiz federal iria para o Tribunal Regional Federal.

Recurso especial

O recurso especial ao STJ se aplica às causas decididas pelos Tribunais Regionais Federais ou pelos Tribunais de Justiça dos Estados, do Distrito Federal e Territórios, quando as decisões desses tribunais contrariarem tratado ou lei federal, ou deixarem de aplicá-los; julgarem válido ato de governo local contestado em face de lei federal; ou derem à lei federal interpretação divergente da que lhe tenha atribuído outro tribunal.

IV. 3. A JUSTIÇA FEDERAL

A Justiça Federal tem por função julgar:

▲ As causas em que a União, suas autarquias ou empresa pública federal forem interessadas na condição de autoras, rés, assistentes ou oponentes, exceto as de falência, as de acidentes de trabalho e as sujeitas à Justiça Eleitoral e à Justiça do Trabalho.
▲ As causas entre Estado estrangeiro ou organismo internacional e município ou pessoa domiciliada ou residente no país.
▲ As causas fundadas em tratado ou contrato da União com Estado estrangeiro ou organismo internacional.
▲ Os crimes políticos e as infrações penais praticadas em detrimento de bens, serviços ou interesse da União ou de suas entidades autárquicas ou empresas públicas, excluídas as contravenções e ressalvada a competência da Justiça Militar e da Justiça Eleitoral.
▲ Os crimes previstos em tratado ou convenção internacional, quando, iniciada a execução no país, o resultado tenha ou devesse ter ocorrido no estrangeiro, ou reciprocamente;
▲ As causas relativas a direitos humanos.
▲ Os crimes contra a organização do trabalho e, nos casos determinados por lei, contra o sistema financeiro e a ordem econômico-financeira.
▲ Os *habeas corpus*, em matéria criminal de sua competência ou quando o constrangimento provier de autoridade cujos atos não estejam diretamente sujeitos a outra jurisdição;
▲ Os mandados de segurança e os *habeas data* contra ato de autoridade federal, excetuados os casos de competência dos tribunais federais.
▲ Os crimes cometidos a bordo de navios ou aeronaves, ressalvada a competência da Justiça Militar.
▲ Os crimes de ingresso ou permanência irregular de estrangeiro; a execução de carta rogatória, após o *exequatur*, e de sentença estrangeira, após a homologação; as causas referentes à nacionalidade, inclusive a respectiva opção, e à naturalização.
▲ A disputa sobre direitos indígenas.

A Justiça Federal, como já foi visto, é composta por juízes federais em primeira instância. Caso algum recurso seja interposto em seu âmbito, será analisado, em regra, por um Tribunal Regional Federal. Há situações, entretanto, em que os recursos deverão ser analisados pelo STF ou pelo STJ, como aqueles envolvendo crimes políticos (STF) e ações internacionais (STJ). Devem ser mencionados ainda os Juizados Especiais Federais, que julgam questões mais simples com maior rapidez.

Os Tribunais Regionais Federais (TRFs)

A principal função dos TRFs é ser a segunda instância da Justiça Federal, isto é, julgar os recursos contra as decisões proferidas pelos juízes federais. Haverá casos, porém, em que o processo terá início já no TRF.

Um exemplo de competência originária do TRF é o julgamento dos crimes comuns e de responsabilidade praticados por juízes federais, juízes militares e juízes do Trabalho de sua região, bem como pelos membros do Ministério Público da União (MP Federal, MP do Trabalho, MP Militar e MP do Distrito Federal).

Os juízes federais

Os juízes federais constituem a primeira instância da Justiça Federal, cabendo-lhes receber causas que envolvem a União. Os juízes exercem suas funções nas varas federais, espalhadas pelas seções judiciárias – os estados – integrantes de determinada região.

O juiz federal tem o dever de analisar se realmente existe interesse da União em um processo que chega às suas mãos. Mesmo que a matéria seja aparentemente relativa à União, a decisão sobre a existência ou não do interesse desse ente federativo é do juiz federal.

Os juízes federais não possuem competências recursais. Isso ocorre porque são órgãos de primeiro grau – não existe, na Justiça Federal, órgão abaixo do juiz federal. As causas federais, em regra, começam pelo juiz federal.

Os Juizados Especiais Federais (JEFs)

Os Juizados Especiais Federais são unidades da Justiça Federal criadas com a finalidade de simplificar as etapas processuais. Os JEFs ajudam a reduzir o número de recursos encaminhados aos tribunais, oferecendo, dessa forma, uma Justiça mais ágil e rápida. O processo nesses juízos valoriza atos praticados oralmente, como a defesa oral feita nas audiências. Valoriza igualmente a simplicidade, a informalidade e a celeridade. Essa orientação visa à solução mais rápida dos conflitos, buscando, sempre que possível, a conciliação das partes. A chamada autocomposição, que ocorre nos JEFs, é caracterizada exatamente pela busca do consenso.

Uma importante fonte da celeridade processual dos JEFs é o tratamento de igual para igual entre a União e a outra parte do processo. Nos JEFs, o ente estatal não dispõe dos privilégios processuais de que se vale na Justiça Comum, como o prazo em dobro para recorrer e o reexame necessário das decisões.

Nos JEFs, portanto, devido à celeridade que se pretende alcançar, a Fazenda Pública não dispõe dessas prerrogativas processuais e responde de igual para igual frente ao particular.

Cabe aos JEFs julgar causas de competência da Justiça Federal. Em matéria cível, atribuição dos Juizados Especiais Federais Cíveis, o valor da ação não pode ultrapassar 60 salários mínimos. Já em matéria criminal, são aceitas nos Juizados Especiais Federais Criminais somente ações relativas a delitos de menor potencial ofensivo, assim entendidos aqueles em que a lei prevê pena máxima de dois anos.

Os recursos das decisões dos JEFs poderão ser julgados por turmas de juízes federais de primeiro grau – as chamadas turmas recursais. Se houver diferenças entre o entendimento de diferentes turmas, caberá um pedido de nova análise à Turma de Uniformização, composta por membros de diferentes turmas recursais. Se a decisão estiver em oposição ao entendimento do STJ ou do STF, esses tribunais superiores poderão analisar a causa.

Nos JEFs, mais importante que o regular andamento do processo é a conciliação entre as partes. Valoriza-se a presença dos conciliadores, que são os primeiros "juízes da causa": são eles que examinam previamente o pedido e se reúnem com as partes a fim de incentivá-las a fazer um acordo. Caso tenham sucesso, o acordo será posteriormente submetido ao juiz de carreira, que irá homologá-lo, fazendo com que produza efeitos.

STF
↑
STJ
↑
TURMA DE UNIFORMIZAÇÃO
↑
TURMAS RECURSAIS
↑
JUIZADOS ESPECIAIS FEDERAIS

A grande missão do Juizado Especial Federal é reverter o descrédito geral em relação à Justiça em razão de sua lentidão. Por isso os JEFs prezam tanto a celeridade.

FAZENDA PÚBLICA EM JUÍZO

Fazenda Pública em juízo. Fazenda Pública é o conjunto de órgãos da administração pública destinados à arrecadação e à fiscalização de tributos, bem como à guarda dos recursos financeiros, títulos e direitos do Estado. Normalmente, quando algum dos entes federativos ou suas autarquias ou fundações são autores ou réus de algum processo, costuma-se dizer que "a Fazenda Pública está em juízo". Quando isso ocorre, a Fazenda Pública detém algumas prerrogativas processuais. A primeira delas são os prazos mais favoráveis – em quádruplo para contestar (responder à petição inicial) e em dobro para recorrer (apresentar recurso). Um dos motivos para tanto é que o Estado é um dos maiores litigantes presentes na Justiça, tanto como autor quanto como réu das ações. Em função disso, e de toda a burocracia envolvida, a legislação processual conferiu-lhe prazos maiores. Além disso, a Fazenda Pública se beneficia do duplo grau de jurisdição obrigatório. Em outras palavras, caso um juiz de primeiro grau decida de forma contrária aos interesses do Estado, a favor da outra parte do processo, a decisão será encaminhada ao tribunal (segunda instância), o qual reexaminará obrigatoriamente a decisão do juiz, mesmo que o Estado não recorra. A justificativa seria que, quando o Estado perde uma ação, é toda a sociedade, através de sua contribuição tributária, que arca com os prejuízos.

Juiz estadual na função de juiz federal

Segundo o princípio constitucional do "acesso à Justiça", o poder público deve fazer tudo o que estiver ao seu alcance para que toda a população tenha a possibilidade de acionar o Judiciário a fim de resolver seus conflitos. Em nome desse princípio, a Constituição previu que poderia não haver juízes federais em todas as cidades do país, principalmente naquelas menores, no interior dos estados. Para solucionar a questão, nas localidades onde não há varas federais, juízes estaduais podem julgar causas que seriam atribuição de juízes federais. Essa exceção aproxima a população do Judiciário, suprindo suas lacunas. O recurso de uma decisão tomada nessas circunstâncias irá para o Tribunal Regional Federal, e não para Tribunal de Justiça do Estado.

A Reforma do Judiciário e a Justiça Federal

A Reforma do Judiciário promovida em 2004 pela Emenda Constitucional nº 45 teve como objetivo priorizar o acesso à Justiça e assegurar a duração razoável dos processos, transformando essas metas em direitos fundamentais. O Poder Judiciário, assim, deve tomar as medidas necessárias para garantir esses direitos a toda a população. Algumas delas ilustram bem essas diretrizes da Justiça Federal.

Os TRFs podem instalar unidades móveis de primeira instância, chamadas de Justiça Itinerante, em locais situados nos limites de suas áreas de atuação. A finalidade dessas estruturas é ampliar o acesso dos habitantes dessas localidades à Justiça.

Da mesma forma, os TRFs podem constituir Câmaras Regionais – unidades descentralizadas de segunda instância. As Câmaras fazem parte dos próprios TRFs, mas de maneira regionalizada, também no intuito de promover o acesso ao Judiciário.

Outra importante novidade trazida pela Reforma do Judiciário foi a chamada federalização dos crimes contra os direitos humanos. Isso significa que uma ação em que exista grave violação de direitos humanos, iniciada na Justiça Estadual, poderá ser deslocada para a Justiça Federal. Para que isso aconteça, esses direitos devem estar previstos em tratados internacionais dos quais o Brasil faça parte. Esse deslocamento da causa se justifica pela relevância nacional do tema, que deve ser analisado pela Justiça responsável pelos interesses da União – a Justiça Federal.

IV. 4. A JUSTIÇA ESTADUAL

A Justiça Estadual é incumbida de julgar as chamadas matérias residuais. Isso quer dizer que todas as questões não afetas à Justiça Federal e às Justiças Especializadas serão da sua competência. Será na Justiça Estadual que, em regra, o cidadão alcançará proteção para os direitos mais próximos do seu cotidiano, em questões como:

▲ Conflitos entre moradores de um condomínio;
▲ Falta de pagamento de aluguel;
▲ Cartões de crédito "clonados";
▲ Ações contra planos de saúde;
▲ Problemas com o fornecimento de energia elétrica;
▲ Batidas de carro e acidentes de trânsito em geral;
▲ Guarda compartilhada de filhos;
▲ Violência doméstica;
▲ Partilha de bens;
▲ Posse de arma;
▲ Carteirinha de estudante falsa;
▲ Problemas com a Lei Seca;
▲ Provas ilícitas etc.

Será também a Justiça Estadual a competente para tratar dos crimes de roubo, furto, estelionato, homicídio, tráfico de entorpecentes, sequestro, entre outros, que não tenham repercussão federal. O crime de tráfico de entorpecentes, por exemplo, pode ser da esfera estadual, em se tratando de um traficante local, ou da esfera federal, caso estejamos diante de um traficante internacional. Nesse caso, a competência para julgá-lo será da Justiça Federal.

Para a organização do julgamento das matérias que lhe são afetas, a Justiça Estadual se divide em Tribunais de Justiça, juízes e Juizados Especiais.

Os Tribunais de Justiça (TJs)

O Tribunal de Justiça é comumente visto como a segunda instância da Justiça Estadual, destinatário dos recursos interpostos contra as decisões e sentenças proferidas pelos juízes, com competência para mantê-las ou reformá-las. É, assim, o órgão revisor por natureza das decisões dos juízes estaduais.

Todavia, a complexidade das matérias a serem tratadas exige uma divisão interna, visando a uma estruturação por especialidade. Além de uma estrutura por matérias, os TJs também precisam organizar-se por regiões e comarcas, com a finalidade de melhor atender à população. O quadro a seguir ilustra tal organização:

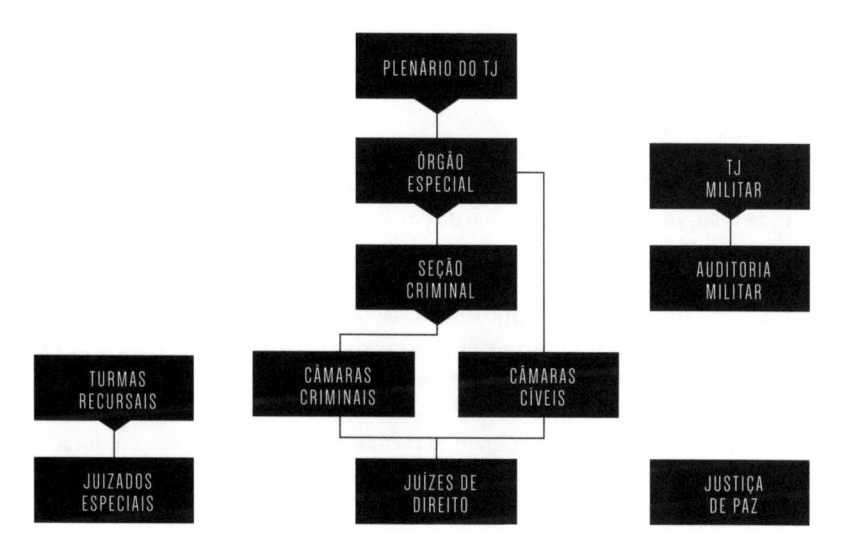

O plenário do TJ, composto por todos os desembargadores, pode ter as funções de julgar e de administrar a Justiça. Compete-lhe ainda eleger o presidente do tribunal, o corregedor-geral de justiça e o diretor da Escola da Magistratura, entre outras funções. Porém, quando um plenário tem mais de 25 membros, pode criar um órgão especial e delegar-lhe suas funções.

O órgão especial é composto por no mínimo 11 e no máximo 25 membros. Metade das vagas será sempre preenchida pelos membros mais antigos do plenário, e a outra metade por eleição pelo próprio plenário. Suas funções serão aquelas que o plenário lhe delegar. O órgão especial foi idealizado para julgar com mais eficiência os casos que deveriam ser apreciados pelo plenário, e por isso mesmo o plenário poderá lhe atribuir funções de julgar e de administrar que originalmente eram suas. O órgão especial poderá assim julgar questões que envolvam:

▲ As autoridades e matérias da competência do Tribunal de Justiça conforme determinação das Constituições Federal e do Estado e da legislação aplicável. Na prática de crimes comuns, o órgão especial poderá julgar prefeito, vice-governador e deputados estaduais; nos crimes comuns e nos de responsabilidade, secretários de estado, juízes estaduais, membros do Ministério Público, procuradores-gerais do Estado, da Assembleia Legislativa e da Defensoria Pública.
▲ Os mandados de segurança e os *habeas data* contra ato do próprio órgão especial, do Conselho Superior da Magistratura e de seus integrantes, das turmas especiais, da câmara especial e relatores que as integrem;
▲ Os mandados de injunção em face da Constituição do Estado, quando atribuída a omissão ao governador, à Mesa e ao presidente da Assembleia Legislativa, ao Conselho Superior da Magistratura ou a qualquer de seus integrantes, ao procurador-geral de justiça, ao prefeito da capital, à Mesa e ao presidente da Câmara Municipal da capital;
▲ Os incidentes de inconstitucionalidade.
▲ Os desembargadores são distribuídos por câmaras, de acordo com o assunto que julgam. No Rio de Janeiro, por exemplo, existem 35 câmaras, compostas por cinco desembargadores cada uma, sendo 22 cíveis, cinco do consumidor e oito criminais. A composição e a organização variam de estado para estado.

As câmaras cíveis lidam com todo tipo de causas: família, empresariais, tributárias, consumidor, ambientais etc. Em geral, as câmaras cíveis e do consumidor julgam os recursos das decisões proferidas pelas varas cíveis espalhadas pelo estado.

As câmaras criminais, por sua vez, julgam os recursos contra as decisões dos juízes de varas criminais do estado. No Rio de Janeiro, julgam também os recursos contra as decisões dos Conselhos de Justiça Militares.

Acima das câmaras estão as seções, que servem para uniformizar o entendimento sobre a mesma matéria, para evitar que as câmaras de um mesmo tribunal julguem casos parecidos de forma diferente. Elas também possuem atribuições originárias, ou seja, há casos que serão julgados diretamente pela seção. No Rio de Janeiro só existe uma seção, que é a Seção Criminal, acima das câmaras criminais.

A Seção Criminal é composta pelos dois desembargadores mais antigos de cada uma das câmaras criminais. A seção julga, por exemplo, ações penais contra prefeitos quando acusados de crimes comuns e processos que podem acarretar a perda de função pública pelos militares. Estes só serão julgados pela Justiça Militar quando cometerem crimes militares.

Além dos órgãos julgadores, o TJ tem diversos outros órgãos que dão andamento administrativo à máquina judiciária. Quando se protocola uma petição de um processo já em andamento, ela tem que ser anexada aos autos e tem que ser distribuída para o órgão julgador competente. Todo esse procedimento é realizado por vários departamentos nos tribunais. É o funcionamento concomitante de todos os órgãos administrativos no tribunal que garante que um processo chegue às mãos do juiz. Os servidores do TJ também desempenham um papel importante na parte administrativa e na organização do processo.

Os TJs sempre têm um presidente, três vice-presidentes e o corregedor-geral de Justiça. Todos são eleitos pelo plenário, fazem parte obrigatoriamente do órgão especial e exercem a função por dois anos. O presidente do TJ é o chefe de todo o Judiciário estadual, e o corregedor-geral, como o nome indica, é o chefe da Corregedoria. O 1º vice-presidente pode substituir o presidente, quando necessário, e está ligado à matéria cível; o 2º vice-presidente pode substituir o 1º, e está ligado à matéria criminal; já o 3º vice-presidente pode substituir o corregedor-geral, e cuida de recursos extraordinários e especiais, dirigidos ao STF e ao STJ, aceitando dar seguimento (enviar o recurso) ou não.

Os juízes estaduais

A Justiça Estadual de primeiro grau é, em regra, o ramo da Justiça onde os processos mais comuns têm início. Dentro do Judiciário estadual, os órgãos de primeira instância são representados pela figura do próprio juiz de direito, que atua nas varas, nos Tribunais do Júri, no Conselho de Justiça Militar e nos Juizados Especiais e suas Turmas Recursais. Cada um desses órgãos analisa matéria específica e tem estrutura própria. Por exemplo, enquanto no Tribunal do Júri são julgados crimes cometidos com a intenção de matar, ou seja, homicídios (chamados crimes dolosos contra a vida), os Juizados Especiais julgam causas de menor complexidade e crimes de menor potencial ofensivo.

Os Juizados Especiais

Os Juizados Especiais da Justiça Estadual, assim como os Juizados Especiais Federais, têm como objetivo oferecer uma justiça mais simples e rápida. Para alcançar tal meta, são valorizados os princípios da oralidade, da simplicidade e da informalidade, e, sempre que possível, é buscada a conciliação. Por essa razão, os conciliadores, que atuam em audiências de conciliação antes da intervenção do juiz, exercem relevante função nos Juizados Especiais.

Os Juizados Especiais Cíveis julgam as causas cíveis de menor complexidade, cujo valor não exceda a 40 vezes o salário mínimo; ou ainda causas, qualquer que seja o valor, envolvendo arrendamento rural e parceria agrícola; cobrança a condômino de quaisquer quantias devidas ao condomínio; ressarcimento por danos em prédio urbano ou rústico; ressarcimento por danos causados em acidente de veículo de via terrestre; cobrança de seguro, relativamente aos danos causados em acidente de veículo, ressalvados os casos de processo de execução; cobrança de honorários dos profissionais liberais, ressalvado o disposto em legislação especial; revogação de doação. É ainda possível recorrer aos Juizados Especiais Cíveis nas ações de despejo para uso próprio e nas ações possessórias sobre bens imóveis de valor não excedente a 40 vezes o salário mínimo.

Já os Juizados Especiais Criminais julgam as contravenções penais e os crimes cuja pena máxima não seja superior a dois anos. A presença do promotor de justiça e do advogado somente é necessária quando não há acordo de entre as partes. Por exemplo, quando há um crime de dano ou de lesão corporal (briga em uma casa noturna), a delegacia de polícia encaminha o registro de ocorrência diretamente ao Juizado Especial Criminal, e o ofendido pode negociar com o agressor a fim de que este lhe pague determinada quantia para a composição dos danos morais (sofrimento) e materiais (despesas médicas) amargados; o processo criminal se encerrará, assim, sem que seja necessária a presença de juiz, advogado ou promotor de justiça, bastando a presença de um conciliador. Não havendo acordo, o processo será encaminhado ao promotor de justiça, que decidirá se vai oferecer denúncia, iniciando o processo criminal com a produção de provas para posterior análise do juiz, que irá condenar ou absolver o réu.

A Reforma do Judiciário e a Justiça Estadual

A Reforma do Judiciário implementada pela Emenda Constitucional nº 45, de 2004, adotou diversas medidas para a melhoria da prestação do serviço da Justiça e, nessa linha, trouxe algumas inovações à Justiça Estadual. A primeira delas consistiu na extinção dos chamados Tribunais de Alçada, que se situavam entre os juízes de direito e o Tribunal de Justiça, julgando matérias de relevância "intermediária", como questões referentes à locação e à cobrança de cotas condominiais. Existiam poucos Tribunais de Alçada em 2004; no entanto, os ainda presentes foram extintos, e os respectivos juízes foram incorporados aos Tribunais de Justiça na qualidade de desembargadores.

Outra modificação importante trazida pela Reforma foi a descentralização dos Tribunais de Justiça com a constituição de Câmaras Regionais. É a chamada "interiorização da Justiça". Em estados de grande área geográfica isso representa medida importante para que a Justiça seja realizada sem que o cidadão tenha que atravessar grande distância até o tribunal. Pioneira no país, a Câmara Especial Regional de Chapecó do Tribunal de Justiça do Estado de Santa Catarina, localizada a uma distância aproximada de 650 km da capital, compreende oito circunscrições judiciárias e alcança 27 comarcas e 62 outros municípios.

Na mesma linha da descentralização da Justiça e do acesso do cidadão ao Poder Judiciário, a Reforma previu a criação da Justiça Itinerante. O Tribunal de Justiça do Rio de Janeiro, em parceria com o Ministério Público e a Defensoria Pública, exerce tal função em ônibus que se desloca para locais de difícil acesso, passando todo o dia no local e prestando Justiça de acordo com a demanda da população local.

IV. 5. A JUSTIÇA DO TRABALHO

São inúmeras as atribuições da Justiça do Trabalho, sempre relativas às questões trabalhistas. Primeiramente, a competência da Justiça do Trabalho abrange todas as relações de trabalho entre um indivíduo (empregado) e outro indivíduo ou instituição (empregador). Já se o contratado for, por exemplo, um escritório de arquitetura, o contratante só poderá discutir qualquer prejuízo decorrente da prestação do serviço contratado ingressando na Justiça Comum. E quando a parte for um servidor estatutário, ou seja, submetido ao Estatuto do Servidor Público? Também nesse caso a Justiça competente será a Justiça Comum e não a Justiça do Trabalho. Se se tratar de um servidor estadual, a ação será julgada na Justiça Estadual, e de um servidor federal, na Justiça Federal.

As causas decididas pela Justiça do Trabalho vão além das simples relações de trabalho. Compete a ela decidir ainda sobre:

▲ Direito de greve.
▲ Sindicatos.
▲ Mandados de segurança, *habeas corpus* e *habeas data* em matéria trabalhista. Existe aqui, contudo, uma importante exceção: a garantia do foro por prerrogativa de função conferida a certas autoridades prevalece sobre a competência da Justiça do Trabalho. Em outras palavras, ainda que versem sobre matéria trabalhista, o julgamento de mandados de segurança, *habeas corpus* e *habeas data* para essas autoridades não será realizado pela Justiça do Trabalho.

▲ Conflitos de competência entre órgãos de jurisdição trabalhista. Por exemplo, entre juízes do trabalho de estados diferentes, entre um juiz do trabalho de um estado e o Tribunal Regional do Trabalho de outro, ou entre tribunais.

▲ Ações de dano moral ou patrimonial decorrentes de relação de trabalho. A fabricante de roupas íntimas que submete suas empregadas a revista íntima, por exemplo, causa danos morais – vergonha, humilhação. Essa causa, hoje, é julgada pela Justiça do Trabalho. O assédio moral ou sexual de um empregador a seu empregado também é julgado pela Justiça do Trabalho.

Em respeito ao princípio do acesso à Justiça, é permitido que, nas localidades onde não exista Vara do Trabalho, as causas trabalhistas sejam julgadas por um juiz estadual. O recurso dessa decisão irá para o Tribunal Regional do Trabalho.

SERVIDOR ESTATUTÁRIO E EMPREGADO PÚBLICO

O concurso público pode ser realizado tanto para a ocupação de um cargo de servidor estatutário quanto de empregado público. As sociedades de economia mista, como a Petrobras, ou as empresas públicas, como o BNDES, realizam concurso público, e os que ingressam em seus quadros tornam-se empregados públicos. Ao contrário do servidor estatutário, eles não são regidos por um estatuto próprio, e sim pela CLT (Consolidação das Leis do Trabalho); com isso, as questões trabalhistas vão diretamente para a Justiça Trabalhista.

A Reforma do Judiciário e a Justiça Trabalhista

Existe uma diferença entre a "relação de trabalho", agora inserida na competência da Justiça do Trabalho, e a "relação de emprego", como era antes da Reforma do Judiciário. Relação de emprego é aquela em que existe um contrato de trabalho formal que vincula o empregado ao empregador. O contrato é requisito essencial. Já a relação de trabalho compreende qualquer prestação de trabalho de pessoa física a pessoa jurídica ou física – de um indivíduo, empregado, a uma instituição ou a outro indivíduo, empregador. Observa-se que "relação de trabalho" é mais abrangente que "relação de emprego", por não requerer a formalidade do contrato.

A Emenda Constitucional nº 45, que trouxe a Reforma do Judiciário, ampliou largamente as competências da Justiça do Trabalho. Esta, que antes dispunha apenas sobre as relações de emprego, envolve agora todas as demais relações de trabalho – tenham elas ou não um contrato. O governo federal promove, ao mesmo tempo, campanhas para a formalização do trabalho, com incentivo à assinatura da carteira de trabalho e ao pagamento de contribuições para a previdência social. Essas medidas tendem a aumentar o número de processos a serem julgados na Justiça do Trabalho.

Outras atribuições trazidas para a Justiça do Trabalho foram as implicações civis decorrentes das greves e a reparação por danos morais ou patrimoniais, que antes eram julgadas pela Justiça Comum. Além disso, assim como os Tribunais Regionais Federais, os Tribunais Regionais do Trabalho podem instalar sua Justiça Itinerante, que são unidades móveis da primeira instância, em locais situados nos limites de suas áreas de atuação, com a finalidade de ampliar o acesso dos habitantes dessas localidades à Justiça.

Da mesma forma, os TRTs podem constituir Câmaras Regionais – unidades descentralizadas de segunda instância. As Câmaras fazem parte dos próprios TRTs, mas de maneira regionalizada. Aqui também o intuito é o de promover o acesso ao Judiciário.

IV. 6. A JUSTIÇA ELEITORAL

A Justiça Eleitoral brasileira é um ramo especializado do Poder Judiciário com atuação em três esferas: jurisdicional, em que se destaca a competência para julgar questões eleitorais; administrativa, na qual é responsável pela organização e realização de eleições, referendos e plebiscitos; e regulamentar, em que elabora normas referentes ao processo eleitoral. Criada pelo Código Eleitoral de 1932, é composta pelo Tribunal Superior Eleitoral (TST), por 27 Tribunais Regionais Eleitorais (TRTs), sediados nas capitais dos estados e no Distrito Federal, pelos juízes eleitorais e pelas Juntas Eleitorais.

O Tribunal Superior Eleitoral (TSE)

O TSE julga uma lista extensa de ações especificadas na Constituição, no Código Eleitoral e nas leis brasileiras. Suas decisões são de modo geral irrecorríveis, mas em alguns casos é possível recorrer ao Supremo Tribunal Federal. As ações julgadas podem ser originárias, quando os processos começam no próprio TSE, ou recursais, quando se trata da análise de recursos em processos iniciados em instâncias inferiores.

Competência originária do TSE

Cabe o TSE realizar o registro e a cassação de partidos políticos, o registro de seus diretórios nacionais e o registro de candidatos à presidência e à vice-presidência da República.

Um partido político é uma organização, uma pessoa jurídica que deve preencher requisitos específicos para sua criação, distintos daqueles exigidos para a criação de empresas. Após o cumprimento de todos os requisitos, o partido deve ser registrado no TSE para que possa participar das eleições. Um indivíduo que deseja disputar uma eleição deve estar necessariamente filiado a um partido, e a Constituição também define as idades mínimas para a disputa dos cargos políticos – vereador: 18 anos; deputado federal, deputado estadual ou distrital, prefeito e vice-prefeito: 21 anos; governador e vice-governador de estado e do Distrito Federal: 30 anos; presidente, vice-presidente da República e senador: 35 anos.

Diretórios são órgãos administrativos na estrutura dos partidos políticos. Há diretórios nacionais, estaduais e municipais. Todos os partidos políticos brasileiros devem ser nacionais, mas podem possuir diretórios regionalizados para melhor administrar suas atividades. Na Primeira República (1889-1930), por exemplo, os partidos políticos eram regionalizados e representavam as oligarquias estaduais. Atualmente, a exigência de que um partido tenha representatividade em vários estados da Federação é explicada pelo receio de que possa defender apenas interesses locais. Da mesma forma que não pode haver partido representando apenas interesses locais, um partido brasileiro não pode ser parte integrante de partido estrangeiro. Ou seja, não pode ser internacional nem receber fundos de governos estrangeiros. Os partidos brasileiros são estritamente nacionais.

Os candidatos, tanto quanto os partidos, devem ser registrados junto aos órgãos eleitorais, ficando a cargo do TSE o registro dos candidatos a presidente e vice-presidente da República.

São exemplos de controvérsias julgadas pelo TSE:

▲ Os conflitos entre Tribunais Regionais Eleitorais e juízes eleitorais de estados diferentes, quando estes discutem quem tem competência para julgar determinado caso. Podem acontecer, por exemplo, conflitos entre o TRE de Tocantins e o de Goiás, entre um juiz eleitoral do Ceará e outro do Maranhão, que serão julgados pelo TSE, cabendo a este último decidir quem continuará com o julgamento do caso.

▲ As reclamações contra os resultados de uma eleição de presidente e vice-presidente da República. O TSE tem a atribuição de anunciar oficialmente o resultado das eleições presidenciais, e qualquer irregularidade quanto a esse resultado deve ser apresentada, portanto, diretamente ao TSE.

Competência recursal do TSE

Os recursos cabíveis ao TSE são recursos ordinários das decisões dos Tribunais Regionais Eleitorais sobre a expedição de diplomas nas eleições federais e estaduais ou de decisões que neguem *habeas corpus* ou mandado de segurança.

Existe uma importante distinção entre eleições federais e nacionais. As eleições federais são aquelas para os cargos de deputado federal e senador. Têm esse nome porque são realizadas em cada estado da Federação especificamente. Os deputados federais, por exemplo, guardam o estado de origem – são deputados federais do RJ, de SP, de MG etc. Além disso, um candidato a senador da Bahia, por exemplo, somente pode ser votado pelos eleitores baianos – não pode receber votos de outros estados da Federação. As eleições federais não se confundem assim com as eleições nacionais, para presidente e vice-presidente da República, pois nestas não importa o estado de origem dos votos: todos são direcionados aos mesmos candidatos.

DIPLOMA

É o documento emitido pela Justiça Eleitoral para reconhecer que o candidato possui legitimidade para assumir o cargo para o qual se elegeu. Diplomação é o ato solene pelo qual a Justiça Eleitoral declara oficialmente quem são os eleitos e os suplentes, entregando-lhes os respectivos diplomas devidamente assinados pela autoridade competente. A diplomação ocorre porque, após as eleições e a apuração dos votos, existe um período para o questionamento do resultado obtido nas urnas. Passado esse prazo, o diploma confere ao eleito o direito de tomar posse.

ÂMBITO DAS ELEIÇÕES	CARGOS DISPUTADOS	OBSERVAÇÕES
ELEIÇÕES NACIONAIS	PRESIDENTE E VICE-PRESIDENTE DA REPÚBLICA	TODOS OS CIDADÃOS BRASILEIROS TÊM AS MESMAS OPÇÕES DE CANDIDATOS PARA VOTAR
ELEIÇÕES FEDERAIS	DEPUTADOS FEDERAIS E SENADORES DA REPÚBLICA	CADA ESTADO TEM CANDIDATOS ESPECÍFICOS PARA ELEGER
ELEIÇÕES ESTADUAIS	GOVERNADORES, VICE-GOVERNADORES E DEPUTADOS ESTADUAIS	A ATUAÇÃO DESSES POLÍTICOS SE RESTRINGE AO PRÓPRIO ESTADO
ELEIÇÕES MUNICIPAIS	PREFEITOS, VICE-PREFEITOS E VEREADORES	POLÍTICOS QUE ATUAM SOMENTE NO RESPECTIVO MUNICÍPIO

As eleições estaduais e as distritais são realizadas para os cargos de governador e vice-governador dos estados e do Distrito Federal e de deputado estadual. Já as municipais, para os cargos de prefeito e vice-prefeito e vereador.

As eleições nacionais são organizadas pelo TSE. Já as eleições federais estão sob responsabilidade dos TREs. Como há um TRE para cada estado, cada um desses tribunais administra o pleito federal para o respectivo estado. Na Justiça Eleitoral, diferentemente da Justiça Federal e da Justiça do Trabalho, a distribuição dos tribunais regionais não ocorre pela demanda da população local, e sim pelas regras de representação política. Como estas se dão em respeito ao princípio federativo, faz sentido que haja um Tribunal Regional Eleitoral para cada estado.

Competência administrativa do TSE

Compete à Justiça Eleitoral garantir a legalidade do acesso a cargos políticos através de eleições. Nesse sentido, ela organiza administrativamente todos os atos necessários à proclamação dos candidatos eleitos. Cabe-lhe, por exemplo, aprovar a divisão dos estados em zonas eleitorais ou a criação de novas zonas – zona eleitoral é a área delimitada dentro de um estado, gerenciada pelo juiz eleitoral, que centraliza e coordena os eleitores ali domiciliados; não corresponde, necessariamente, ao território de um município, podendo ser maior ou menor que ele.

A Justiça Eleitoral tem também competência para elaborar normas relativas ao bom andamento das eleições. Em consequência, os TREs, os juízes eleitorais e Juntas Eleitorais devem dar imediato cumprimento às instruções do TSE.

Mais uma peculiaridade da Justiça Eleitoral é que seus tribunais podem responder a dúvidas formuladas por senadores, por deputados federais, por representantes de órgãos nacionais de partidos políticos e até mesmo pela Defensoria Pública da União. Essa possibilidade demonstra o papel consultivo que pode ser exercido pelo TSE.

Nas ações judiciais comuns, um conflito real é levado ao Judiciário para que este se pronuncie sobre quem tem razão. Nas consultas feitas ao TSE, é levada uma dúvida abstrata, não diretamente relacionada a um caso concreto. As consultas aos tribunais eleitorais são assim um instrumento importante para que os interessados – partidos, candidatos e cidadãos – conheçam previamente o entendimento da Justiça Eleitoral acerca de determinada matéria, evitando que haja um maior volume de processos no período eleitoral. Por exemplo, os partidos políticos podem submeter aos Tribunais Eleitorais a possibilidade de coligações eleitorais, e cidadãos podem submeter ao TSE a criação de um novo partido – foi o caso do partido REDE, que teve seu pedido de criação negado por não contemplar determinados requisitos elencados na legislação eleitoral.

Os Juízes eleitorais

Os juízes eleitorais, como qualquer órgão de primeira instância, não têm competências recursais. Um detalhe importante é que as Juntas Eleitorais não estão abaixo dos juízes eleitorais, são apenas órgãos temporários e paralelos à primeira instância da Justiça Eleitoral.

Algumas das competências dos juízes eleitorais são:

> **COLIGAÇÃO**
>
> É a união de dois ou mais partidos com o objetivo de apresentar candidatos a uma determinada eleição. É uma entidade temporária, que se dissolve após a eleição. No pleito seguinte poderão ser formadas outras coligações.

▲ Cumprir as decisões e determinações do TSE e do TRE.
▲ Processar e julgar os crimes eleitorais.
▲ Dirigir os processos eleitorais e determinar a inscrição, transferência e exclusão do título eleitoral.
▲ Dividir a zona em seções eleitorais (sala de votação).
▲ Ordenar o registro e a cassação do registro dos candidatos a prefeito, vice-prefeito e vereador, e comunicar ao Tribunal Regional Eleitoral.
▲ Nomear os membros das mesas receptoras – os conhecidos mesários.
▲ Fornecer aos que não votaram por motivo justificado e aos não alistados, dispensados do alistamento, um certificado que os isente das sanções legais.

As Juntas Eleitorais

A Junta Eleitoral é o órgão responsável pela apuração dos votos nas zonas eleitorais sob sua responsabilidade. É um órgão provisório, constituído 60 dias antes do pleito, especificamente para essa finalidade temporária. É também um colegiado de primeira instância, representando mais uma peculiaridade da Justiça Eleitoral.

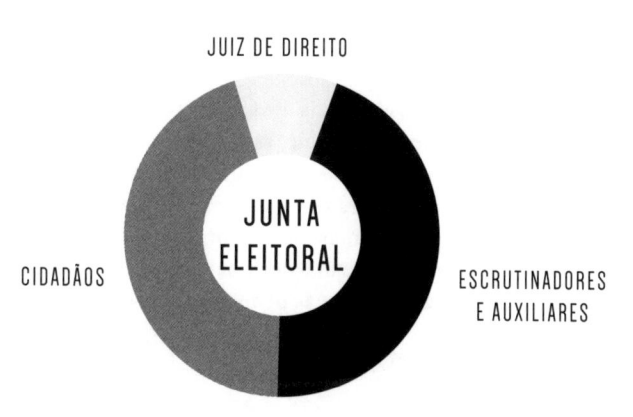

A Junta é composta por dois ou quatro cidadãos e um juiz de direito – não necessariamente um juiz eleitoral –, que a presidirá. O número de dois ou quatro cidadãos depende da necessidade da apuração, e se justifica porque o número total de membros, contando com o juiz, deve ser ímpar, para evitar empates nas decisões. Além desses membros, as Juntas podem ser integradas por escrutinadores e auxiliares. Os primeiros são pessoas que, literalmente, contam os votos. Já os auxiliares fazem serviços de manutenção do local onde funcionam as Juntas.

É da competência das Juntas Eleitorais:

▲ Apurar, no prazo de dez dias, as eleições realizadas nas zonas eleitorais sob sua responsabilidade;
▲ Resolver incidentes verificados durante os trabalhos da contagem e da apuração;
▲ Expedir diplomas aos eleitos para cargos municipais; nos municípios onde houver mais de uma junta eleitoral, a expedição dos diplomas será feita pela que for presidida pelo juiz eleitoral mais antigo, à qual as demais enviarão os documentos da eleição.

A Lei da Ficha Limpa

A Lei da Ficha Limpa, de 2010, originou-se de um Projeto de Lei de Iniciativa Popular, em que os cidadãos propõem a lei que entendem conveniente, recolhem assinaturas em apoio a ela e a conduzem ao Congresso Nacional.

A finalidade da Lei da Ficha Limpa é verificar o passado dos candidatos, tornando mais rígidos os critérios para a candidatura e criando novas causas de inelegibilidade. Assim, candidatos que possuem condenações criminais e pela prática de atos de improbidade não podem se candidatar, em função das sanções previstas na lei. A Lei da Ficha Limpa teve por objetivo moralizar o processo eleitoral, tornando inelegível, entre outras hipóteses, o candidato condenado em decisão colegiada (tribunal) por crimes contra a administração pública e o sistema financeiro, por ilícitos eleitorais, de abuso de autoridade, prática de lavagem de dinheiro, tráfico de drogas, tortura, racismo, trabalho escravo ou formação de quadrilha.

Ocorre que as leis eleitorais devem ser publicadas com um ano de antecedência para que possam ser aplicadas às eleições seguintes. O chamado princípio da anualidade eleitoral, previsto na Constituição Federal, existe em nome da segurança jurídica, tanto para o cidadão-eleitor quanto para o cidadão-candidato. Esse princípio tem como finalidade evitar que mudanças repentinas da lei aconteçam em um momento muito próximo às eleições. Foi por essa razão que o STF decidiu não aplicar a Lei da Ficha Limpa nas eleições de 2010. As eleições de 2012 foram as primeiras em que a lei foi aplicada.

IV. 7. O MINISTÉRIO PÚBLICO

Para garantir todos os interesses que o Ministério Público se propõe proteger, a Constituição prevê alguns meios específicos de atuação. As leis que organizam o Ministério Público brasileiro poderão prever outros meios. Porém os meios apontados a seguir são os principais instrumentos utilizados pelo MP para o exercício de sua função de defensor dos interesses da coletividade, ou de verdadeiro advogado do cidadão.

Ação penal pública

Como o Poder Judiciário não pode tomar a iniciativa de julgar e punir, pois para não perder a imparcialidade só funciona quando é provocado, cabe ao MP promover a acusação dos criminosos através da ação penal pública. O Ministério Público é o único que pode ingressar com essa ação acusatória – é portanto o único titular do *jus puniendi* estatal (direito de punir do Estado). Se o promotor de justiça decidir que o caso não configura um crime, ninguém poderá denunciar o acusado. O inquérito policial será arquivado. O máximo que pode acontecer é, se houver discordância do juiz criminal quanto ao arquivamento, o processo será encaminhado ao procurador-geral de justiça (chefe do MP Estadual), o qual decidirá se o inquérito será definitivamente arquivado ou se oferecerá a denúncia. De qualquer forma, a última decisão sobre o oferecimento de denúncia criminal é sempre do MP.

Fiscalização da regularidade dos serviços públicos

O MP pode receber reclamações de atos praticados por autoridades e da prestação de serviços públicos, e sugerir a elaboração de normas ou a alteração de leis e enviar notificações para a melhoria da prestação dos serviços. Em outras palavras, o MP deve garantir que serviços públicos como educação, saúde e transporte sejam bem prestados. Para isso, pode sugerir que normas sejam criadas ou notificar os próprios órgãos que prestam esses serviços, instaurando inquérito civil ou propondo a assinatura de um documento em que o infrator se obriga a cumprir as regras que lhe são impostas pela lei. Em último caso, o MP pode propor uma ação judicial para exigir ao cumprimento da obrigação prevista em lei, chamada de ação civil pública.

Inquérito civil e ação civil pública

O inquérito civil é um instrumento de investigação para a produção das provas que serão usadas na ação civil pública. Essa ação visa proteger a infância e a adolescência, o meio ambiente, o consumidor, o contribuinte, além de bens de valor artístico, histórico, turístico etc. Assim, quando houver direitos coletivos ou qualquer interesse social relevante, o MP pode entrar com uma ação civil pública. Se uma empresa submeter seus trabalhadores a condições de pouca higiene e segurança, ou poluir o meio ambiente, o MP ingressará em juízo para que tal empresa se amolde às regras legais, sendo certo também que isso pode ser feito mediante a assinatura de um acordo, chamado de termo de ajustamento de conduta.

Por exemplo, o Ministério Público Federal no Tocantins ajuizou ação civil pública na Justiça Federal contra um grupo pessoas envolvidas em desvios de recursos da Superintendência de Desenvolvimento da Amazônia (Sudam) por meio de fraude, buscando a indenização dos prejuízos causados e a demissão dos envolvidos. A responsabilidade criminal dos envolvidos é apurada em inquérito policial ou em investigação diretamente realizada pelo MP.

Ações que questionam a Constituição

O Ministério Público, representado pelo procurador-geral da República, pode promover as chamadas ações constitucionais: ação direta de inconstitucionalidade, ação declaratória de constitucionalidade e arguição de descumprimento de preceito fundamental da Constituição. Essas ações serão julgadas diretamente pelo STF.

Nos estados, as ações constitucionais referentes às Constituições estaduais dependerão do que cada uma delas dispuser. Os membros do MP Estadual têm a atribuição de questionar as Constituições Estaduais.

É importante lembrar que a Constituição Federal prevê que somente algumas pessoas podem ingressar com essas ações constitucionais junto ao STF. Porém qualquer pessoa pode solicitar ao procurador-geral da República que utilize uma dessas ações. O chefe do MP, analisando o caso, decide se entra ou não com a ação junto ao STF.

Poder de requisição

Para que possa acusar alguém, o Ministério Público deve juntar provas suficientes. Isso significa que reunir informações sobre o suspeito é fundamental ao exercício das funções do MP. O oferecimento de uma ação penal não pode se dar com provas vagas, sem consistência probatória. Por isso mesmo o MP pode requisitar uma investigação, como, por exemplo, a instauração de um inquérito policial. Contudo, ele não pode, diretamente, quebrar sigilos bancário, fiscal, telefônico ou de dados. Deve solicitar essa providência ao Poder Judiciário.

Controle externo da atividade policial

O MP tem livre ingresso em estabelecimentos policiais e acesso a todos os documentos relativos à atividade policial. Pode também tomar medidas para prevenir ou reprimir omissões, ilegalidades ou abuso de poder.

Investigação pela polícia x investigação pelo MP

A chamada teoria dos poderes implícitos afirma que, quando um órgão detém algum poder (a acusação pública), deve dispor também de todos os meios que lhe assegurem o alcance dessa finalidade (a investigação). Dessa forma, o inquérito policial continua sendo um instrumento exclusivo da polícia. Todavia, o MP também pode realizar um procedimento investigatório, buscando provas para a acusação independentemente da investigação realizada pela polícia. Tal situação é rara. O MP somente se vale desse mecanismo de investigação direta quando existe risco para a investigação realizada pela polícia: por exemplo, quando há policiais envolvidos na prática de crimes ou então políticos ou pessoas influentes indiciadas.

O delegado de polícia não conta com as mesmas prerrogativas para o exercício de sua função que um membro do Ministério Público. O delegado está inserido na estrutura do Poder Executivo. Assim, sem a garantia da inamovibilidade, por exemplo, um policial federal pode ser removido a qualquer momento da capital do estado do Rio de Janeiro para a fronteira com o Paraguai. Nessas hipóteses, o Ministério Público, dotado de suas prerrogativas e garantias constitucionais de inamovibilidade, irredutibilidade de subsídio e vitaliciedade (um membro só pode ser demitido por sentença judicial, não mais passível de recurso), realizará diretamente a investigação, alcançando a eficácia necessária e afastando o risco de influências externas.

IV. 8. O CONSELHO NACIONAL DE JUSTIÇA

O Conselho Nacional de Justiça (CNJ), criado pela Emenda Constitucional nº 45, que promoveu a Reforma do Judiciário no ano de 2004, é um órgão de suma importância na estrutura do Poder Judiciário, que guarda algumas peculiaridades em relação aos demais. Atuando em todo o território nacional, é o responsável pelo controle administrativo e pelo aperfeiçoamento do serviço público na prestação da Justiça.

A primeira das peculiaridades do CNJ é que, apesar de ser órgão do Poder Judiciário, não lhe cabe a função de julgar. O CNJ exerce o controle da atuação administrativa, financeira e disciplinar do Poder Judiciário e do cumprimento dos deveres funcionais dos juízes. É um órgão de controle interno, que tem como objetivo melhorar a qualidade da prestação da atividade-fim do Poder Judiciário, que é a função de julgar.

Nesse sentido, foram estabelecidas as seguintes diretrizes para o CNJ:

▲ Planejamento estratégico e proposição de políticas judiciárias;
▲ Modernização tecnológica do Judiciário;
▲ Ampliação do acesso à Justiça, pacificação e responsabilidade social;
▲ Garantia do efetivo respeito às liberdades públicas e execuções penais.

Composição do CNJ

O CNJ é composto por 15 membros, os chamados conselheiros do CNJ, com mandato de dois anos, sendo admitida a reeleição uma única vez. A maior parte dos conselheiros é formada por juízes, mas também compõem o órgão membros do Ministério Público, advogados e cidadãos.

O presidente do STF exerce também a função de presidente do CNJ. Isso ocorre porque o CNJ toma decisões que vinculam todos os tribunais e juízes do país, exceto o próprio STF, que é a mais alta corte do país e está acima do CNJ. Não existe cargo de vice-presidente do CNJ. Na ausência do presidente do Conselho, quem ocupa o cargo é o vice-presidente do STF – que, originalmente, não integra o CNJ.

Composição do CNJ:

- PRESIDENTE DO STF — STF
- DESEMBARGADOR DO TJ
- JUIZ ESTADUAL
- MINISTRO DO STJ — STJ
- MINISTRO DO TRF
- JUIZ FEDERAL
- JUIZ DO TRABALHO
- DESEMBARGADOR DO TRT
- MEMBRO DO TST — TST
- MEMBRO DO MPE
- MEMBRO DO MPU — PGR
- ADVOGADOS — OAB
- CIDADÃO DE NOTÓRIO SABER JURÍDICO E REPUTAÇÃO ILIBADA — SENADO
- CIDADÃO DE NOTÓRIO SABER JURÍDICO E REPUTAÇÃO ILIBADA — CÂMARA

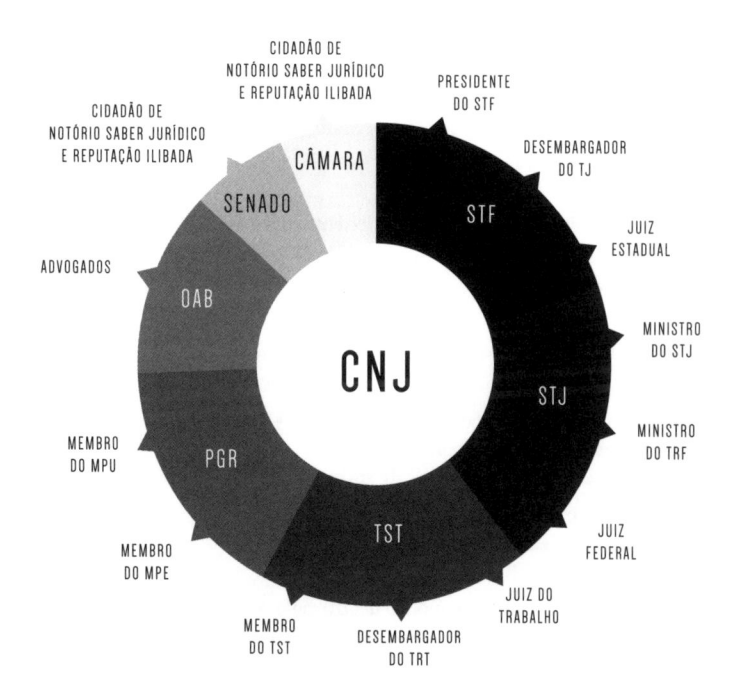

Um ministro do Superior Tribunal de Justiça também compõe o CNJ, exercendo a função de corregedor do CNJ. O corregedor atua na orientação, coordenação e execução de políticas públicas voltadas para o bom desempenho da atividade judiciária dos tribunais e juízos do país. A Corregedoria recebe reclamações e denúncias relativas aos magistrados e aos serviços judiciários, promove inspeção e correição geral e requisita ou designa magistrados e servidores de juízos ou tribunais, delegando-lhes atribuições.

Além destes, também compõem o CNJ representantes da Justiça do Trabalho, da Justiça Federal e da Justiça Estadual. Assim, um ministro do TST, um ministro do TRT e um juiz do trabalho, indicados pelo TST, representam a Justiça Trabalhista no Conselho. Da mesma forma, um desembargador de um Tribunal de Justiça e um juiz estadual, ambos indicados pelo STF, um juiz do TRF e um juiz federal, indicados pelo STJ, serão também conselheiros do CNJ.

Além dos juízes que compõem o CNJ, existem membros do Conselho que não são originários da carreira da magistratura. Esses conselheiros são pessoas que lidam diretamente com o Judiciário, e, portanto, conhecem suas dificuldades, estando aptos a opinar sobre as medidas a serem tomadas para a melhor prestação da Justiça, em condição de igualdade com os demais membros.

Dessa forma, membros do Ministério Público também serão conselheiros do CNJ: um membro do MPU, indicado pelo procurador-geral da República, e um membro de um MP estadual, escolhido pelo procurador-geral da República entre os nomes indicados por cada Ministério Público Estadual.

O Ministério Público dos Estados não integra a estrutura do Ministério Público da União. Por isso, cada Ministério Público Estadual indica nomes de seus membros, entre os quais o procurador-geral da República escolherá aquele que irá exercer a função de conselheiro do CNJ.

Além dos membros do MP, outros conselheiros que não são juízes, mas sim advogados, em número de dois, são indicados pelo Conselho Federal da Ordem dos Advogados do Brasil, e dois cidadãos de notável saber jurídico e boa reputação são indicados, um pela Câmara dos Deputados e outro pelo Senado Federal.

O procedimento da indicação dos conselheiros

Primeiro, os indicados para compor o CNJ passam pela aprovação do Senado Federal; depois, são nomeados pelo presidente da República. Isso acontece em função do sistema de freios e contrapesos, isto é, de controle recíproco entre os poderes da República. Se as escolhas dos conselheiros não forem realizadas no prazo, serão feitas pelo próprio STF. Apenas o presidente do CNJ não passa pela aprovação do Senado Federal, pois a própria Constituição designa o presidente do STF para o cargo.

Competências

Todas as atribuições do CNJ referem-se apenas aos órgãos e juízes situados hierarquicamente abaixo do STF. O CNJ delibera sobre todos os órgãos jurisdicionais do país, exceto o STF. Isso é assim porque o STF é a mais alta corte do país, acima também do CNJ. Tanto é que uma das competências do STF é justamente julgar as ações contra o CNJ.

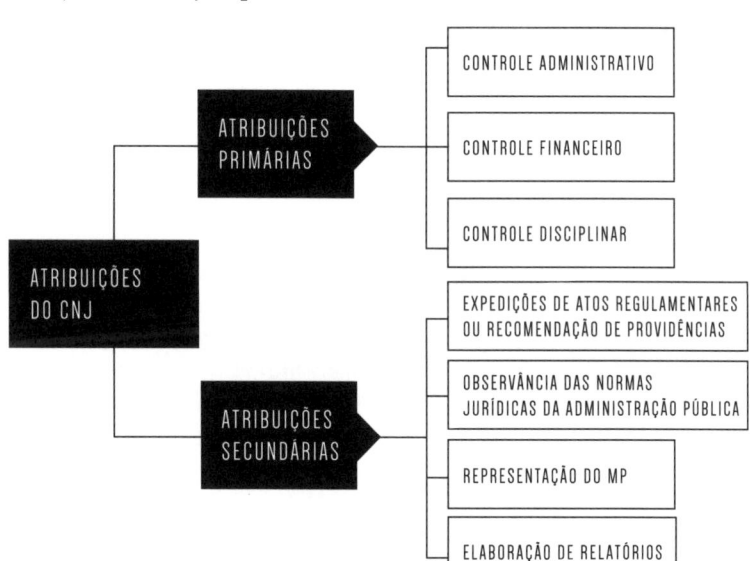

O CNJ tem atribuições primárias e secundárias:

```
ATRIBUIÇÕES DO CNJ
├── ATRIBUIÇÕES PRIMÁRIAS
│   ├── CONTROLE ADMINISTRATIVO
│   ├── CONTROLE FINANCEIRO
│   └── CONTROLE DISCIPLINAR
└── ATRIBUIÇÕES SECUNDÁRIAS
    ├── EXPEDIÇÕES DE ATOS REGULAMENTARES OU RECOMENDAÇÃO DE PROVIDÊNCIAS
    ├── OBSERVÂNCIA DAS NORMAS JURÍDICAS DA ADMINISTRAÇÃO PÚBLICA
    ├── REPRESENTAÇÃO DO MP
    └── ELABORAÇÃO DE RELATÓRIOS
```

Atribuições primárias

O CNJ verifica a legalidade dos atos administrativos praticados por membros ou órgãos do Poder Judiciário. Existe, aqui, a possibilidade de desconstituição ou revisão dos atos e fixação de prazo para que esses membros ou órgãos adotem as providências necessárias ao cumprimento da lei. O CNJ não revê os julgamentos realizados pelos tribunais ou juízes, isto é, não analisa as sentenças e os acórdãos proferidos pelos juízes e tribunais do país.

O exame desses atos administrativos, por exemplo, a elaboração de resoluções, diz respeito à sua legalidade, à sua validade conforme a lei. O CNJ nunca analisa o mérito, o conteúdo das decisões jurisdicionais (sentenças ou acórdãos), pois não tem a função de julgar. Esse limite de atuação do CNJ visa a assegurar a autonomia funcional dos juízes, a liberdade que eles têm de chegar às próprias conclusões na análise do caso concreto.

O CNJ também fiscaliza a aplicação de recursos e as obrigações assumidas pelos órgãos jurisdicionais do país, de acordo com o limite de gastos estabelecido para o Poder Judiciário na Lei de Diretrizes Orçamentárias.

Por fim, ainda nas suas atribuições primárias, o CNJ recebe reclamações contra membros ou órgãos do Poder Judiciário, sem prejuízo da fiscalização disciplinar e correcional exercida por cada um dos tribunais. Assim, o CNJ pode assumir processos disciplinares em curso e determinar sanções administrativas a juízes ou servidores da Justiça, sendo-lhes assegurada ampla defesa, bem como revisar os processos disciplinares julgados há menos de um ano.

Atribuições secundárias

As atribuições secundárias do CNJ estão relacionadas à modernização da Justiça brasileira, de forma a acelerar e a melhorar a qualidade da prestação da Justiça. São sintetizadas nas próprias diretrizes do CNJ, já mencionadas: planejamento estratégico e proposição de políticas judiciárias, modernização tecnológica do Judiciário, ampliação do acesso à Justiça, pacificação e responsabilidade social e garantia de efetivo respeito às liberdades públicas e execuções penais.

O CNJ desempenha também uma função normativa, de elaboração de atos regulamentares ou recomendação de providências aos tribunais do país. Isso acontece sem que se prejudique a autonomia do Poder Judiciário e o cumprimento do Estatuto da Magistratura, garantindo-se a independência do Judiciário e do exercício da jurisdição (poder de julgar, aplicando a lei ao caso concreto).

O CNJ, na linha de reformas do Poder Judiciário, instituiu o conhecido programa de metas. Nesse programa, foram traçadas metas anuais de nivelamento para os tribunais brasileiros. Entre as metas nacionais fixadas para 2015, destacam-se os temas de "julgar mais processos que os distribuídos", "julgar processos mais antigos, "aumentar os casos solucionados por conciliação", entre outros.

No final de 2013, também foram aprovados os Macrodesafios do Poder Judiciário para o período de 2015-2020. Esse documento estabelece a missão e a visão do Poder Judiciário, prevê os atributos de valor da sociedade, analisa as tendências atuais do Judiciário e informa qual o cenário desejado para 2020.

A partir das metas anuais e dos Macrodesafios desejados, o planejamento judiciário e o caminho a ser trilhado fica mais claro para toda a sociedade.

PROCESSO DISCIPLINAR

É um processo administrativo em que um agente público é acusado de exercer suas funções de forma irregular ou ilegal, estando sujeito a sanções administrativas. Não é um processo jurisdicional, ocorrendo no âmbito da Administração Pública. Por esse motivo, a interferência do CNJ nesses processos não viola a independência funcional do poder de julgar do Judiciário.

Ampla defesa é a possibilidade de um acusado responder à acusação, tendo acesso a todo o conteúdo do processo, e assim apresentar argumentos, através de todos os meios de defesa admitidos pelo direito, para comprovar sua inocência. O direito à ampla defesa é assegurado na Constituição.

A Constituição prevê alguns princípios que regem a atuação de toda a administração pública, aplicados a todos os poderes. Os princípios mais importantes, expressos na Constituição, são a legalidade, a impessoalidade, a moralidade, a publicidade e a eficiência.

Para concretizar esses princípios, o CNJ também criou uma série de programas relacionados às suas finalidades. São exemplos desses programas o Cadastro Nacional de Condenados por Improbidade Administrativa, que é utilizado no combate à corrupção, ajudando a assegurar a moralidade administrativa; e o Programa Justiça Plena, lançado pela Corregedoria Nacional de Justiça com a finalidade de acompanhar os processos de grande repercussão social com andamento paralisado no Judiciário, em garantia à eficiência.

Quando ocorre um crime contra a administração pública ou um abuso de autoridade, o CNJ pode encaminhar reclamação ao Ministério Público, que decidirá se inicia ou não uma ação penal.

Na área da Justiça Criminal, o CNJ também elabora projetos de fiscalização e de efetiva promoção de direitos fundamentais aos presos e ex-detentos, com um olhar humanitário e rígido controle sobre o sistema carcerário. Um exemplo desses programas é o mutirão carcerário, que ajuda a evitar que pessoas fiquem presas irregularmente, prestando atendimento a presos de baixa renda e criando meios de reinserção social para ex-detentos.

Outro programa nesse sentido é o Começar de Novo, que visa à sensibilização de órgãos públicos e da sociedade civil para a abertura de postos de trabalho e cursos de capacitação profissional para presos e ex-detentos. O objetivo do programa é promover a cidadania e, consequentemente, reduzir a reincidência de crimes. Em decisão, o CNJ sugeriu que detentos aprovados no Exame Nacional do Ensino Médio (Enem), ao ingressarem em instituições universitárias, possam ter a pena reduzida de um dia para cada três dias estudados, como prevê a legislação brasileira para a execução da pena.

A Reforma do Judiciário e o CNJ

A Constituição de 1988 garantiu ampla autonomia aos órgãos do Poder Judiciário. Tribunais e juízes poderiam, assim, elaborar suas normas internas, decidir o modo como administrarão seus recursos e exercer o controle disciplinar sobre seus próprios membros. A discussão sobre a criação de um órgão de controle externo do Poder Judiciário iniciou-se nos anos 1990, mas apenas em 2004 o CNJ foi concretizado, pela Emenda Constitucional nº 45.

A inspiração para o controle interno nacional, nos moldes instituídos pela Emenda Constitucional nº 45, vem dos modelos de países europeus. Em Portugal, o órgão de controle existe desde 1976 e denomina-se Conselho Superior da Magistratura. A partir de 1997, o Conselho passou a ser composto por alguns membros estranhos à magistratura, admitindo-se que a maioria dos membros do Conselho Superior da Magistratura não fosse juiz de direito.

A Constitucionalidade do CNJ

A estrutura do Poder Judiciário é complexa, e algumas vezes seus próprios órgãos são alvo de questionamento jurídico. Em 2006, o CNJ foi alvo de uma ação direta de inconstitucionalidade promovida pela Associação dos Magistrados Brasileiros (AMB), oportunidade em que foi analisado pelo STF se o CNJ estava ou não de acordo com a Constituição da República. Foram levantados argumentos sobre a presença, na composição do Conselho, de membros estranhos ao Poder Judiciário, como membros do MP e advogados. O STF, contudo, afirmou que esses membros asseguram uma composição híbrida, o que ajuda a evitar o corporativismo no Poder Judiciário.

Outro argumento que foi usado contra o CNJ refere-se à presença de magistrados da Justiça Especializada (do Trabalho, Militar e Eleitoral), os quais estariam fiscalizando justiças fora do seu âmbito de atuação. A esse argumento, o STF respondeu que o Poder Judiciário possui caráter nacional e não federal, ou seja, sua atuação se estende a todos os entes federativos, e a divisão entre Justiça Especializada e Justiça Comum ocorre somente para a eficiência da prestação jurisdicional.

Outra alegação usada para questionar a constitucionalidade do CNJ foi a de que a existência dessa instituição poderia significar prejuízos à autonomia e independência do Poder Judiciário, pois o Conselho estaria interferindo indevidamente na autonomia funcional dos magistrados. Porém o STF entendeu que as funções do Conselho são meramente administrativas, sem jamais interferir no mérito de qualquer decisão jurisdicional.

O STF abordou e discutiu todos os argumentos levantados na ação direta de inconstitucionalidade contra o CNJ e decidiu pela permanência do órgão no sistema judiciário brasileiro, caracterizando-o como um grande avanço no sistema de organização da Justiça, além de peça fundamental na consolidação da democracia brasileira.

IV. 9. O CONSELHO NACIONAL DO MINISTÉRIO PÚBLICO

O Conselho Nacional do Ministério Público (CNMP) foi criado pela Emenda Constitucional nº 45, de 2004, como órgão de controle da atuação administrativa, financeira e disciplinar do MP e do cumprimento dos deveres funcionais de seus membros. O CNMP não avalia propriamente o mérito das decisões tomadas pelos membros do MP. É o equivalente do CNJ, mas seu destinatário é o Ministério Público.

O CNMP compõe-se de 14 membros, indicados pelo Senado Federal e nomeados pelo presidente da República, com mandato de dois anos, cabendo a recondução por mais dois anos. São eles: o procurador-geral da República, que também preside o próprio CNMP; um membro do Ministério Público Federal; um membro do Ministério Público do Trabalho; um membro do Ministério Público Militar; um membro do Ministério Público do Distrito Federal; três membros de Ministérios Públicos Estaduais; um juiz indicado pelo STF; um juiz indicado pelo STJ; um advogado indicado pelo Conselho Federal da OAB; um cidadão indicado pelo Senado Federal; e um cidadão indicado pela Câmara dos Deputados.

O CNMP atua em prol do cidadão para coibir qualquer tipo de abuso do Ministério Público, respeitando a autonomia da instituição. Assim como o CNJ, tem funções primárias e secundárias. As primeiras são as funções de controle, próprias da finalidade institucional do órgão. Já as secundárias são funções paralelas a estas, porém não menos importantes.

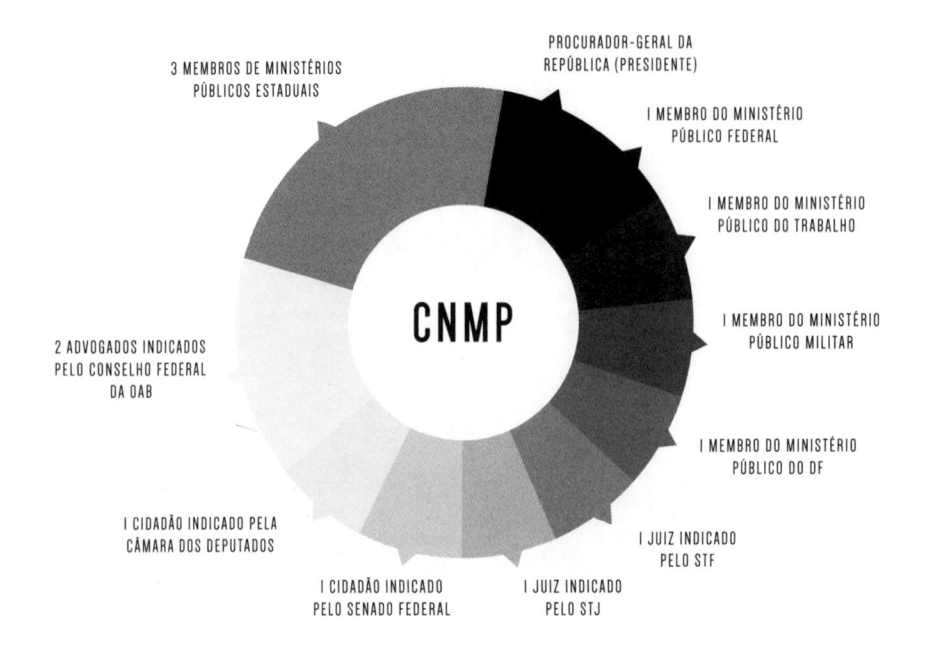

Atribuições primárias

▲ Controle administrativo: o CNMP verifica se os atos praticados por membros ou órgãos do Ministério Público estão de acordo com a lei. Caso reconheça alguma ilegalidade, o CNMP pode desconstituir, rever ou determinar que os membros do MP tomem as providências cabíveis.

▲ Controle financeiro: o CNMP fiscaliza a aplicação de recursos financeiros e a assunção de obrigações, de acordo com o limite estabelecido na Lei de Diretrizes Orçamentárias. Ou seja, a maneira como o MP utiliza seus recursos, em compras, contratações, concursos etc., está sob a fiscalização do CNMP.

▲ Controle disciplinar: o CNMP recebe reclamações contra quaisquer membros ou órgãos do Ministério Público da União ou dos estados, sem prejuízo do poder disciplinar dos próprios órgãos do MP, podendo tomar para si processos disciplinares em curso e determinar sanções administrativas, assegurando o direito de defesa dos acusados. Da mesma forma, realiza a revisão dos processos disciplinares de membros do Ministério Público da União ou dos estados que tenham sido julgados há menos de um ano.

Atribuições secundárias

▲ Expedição de atos regulamentares ou recomendação de providências: assim como o CNJ, o CNMP pode editar regulamentos e recomendações de natureza administrativa para todo o MP brasileiro. Apesar dessa competência do CNMP, fica preservada a autonomia funcional e administrativa do Ministério Público.

▲ Observância das normas jurídicas da administração pública: princípios constitucionais que regem a administração pública, como legalidade, impessoalidade, moralidade, publicidade e eficiência, devem ser observados na atuação do CNMP. Da mesma forma, o CNMP fiscaliza a observância desses e de todos os demais princípios da administração pública na atuação de cada um dos órgãos do Ministério Público.

▲ Elaboração de relatórios: o CNMP elabora um relatório anual, propondo as providências que julgar necessárias com relação à situação do Ministério Público no país, e prestando contas de suas próprias atividades.

BIBLIOGRAFIA

Livros

ARBACHE, Jorge Saba; DE NIGRI, João Alberto. **Um olhar sobre o Judiciário trabalhista**: radiografia da Justiça do Trabalho na última década. Ed. Brasília: Anamatra, 2001.

BARROSO, Luis Roberto. **O controle de constitucionalidade no Direito Brasileiro**. 6. ed. São Paulo: Saraiva, 2012.

BINENBOJM, Gustavo. **A nova jurisdição constitucional brasileira**: legitimidade democrática e instrumentos de realização. 3. ed. Rio de Janeiro: Renovar, 2010.

BRASILEIRO, Renato. **Curso de Processo Penal**. São Paulo: Impetus, 2013.

BULOS, Uadi Lammêgo. **Constituição Federal Anotada**. 9. ed. São Paulo: Saraiva, 2009.

CALAMANDREI, Piero. **Eles, os juízes, vistos por nós, os advogados**. São Paulo: Livraria Martins Fontes, 1995.

CANABARRO, Américo. **Estrutura e Dinâmica do Processo Judiciário**. 5. ed. São Paulo: Renovar, ANO.

CANOTILHO, J. J. Gomes. **Direito Constitucional**. 6. ed. Coimbra: Almedina, 1995.

CARVALHO FILHO, José dos Santos. **Manual de Direito Administrativo**. 24. ed. Rio de Janeiro: Lumen Juris, 2011.

CAUPERS, João. **A administração periférica do Estado**: estudo de Ciência da Administração. 3. ed. Lisboa: "Editorial Notícias", 1994.

CUNHA, Leonardo Carneiro da. **A Fazenda Pública em Juízo**. 11. ed. São Paulo: Dialética, 2013.

DI PIETRO, Maria Sylvia Zanella. **Direito Administrativo**. 24. ed. São Paulo: Atlas, 2011.

FLETCHER, P. George; SHEPPARD, Steve. **American Law in a Global Context**: the Basics. 4. ed. Oxford: Oxford University Press, 2005.

GRAMSTRUP, Erik Frederico. Conselho Nacional de Justiça e controle externo: roteiro geral. In: WAMBIER, Teresa Arruda Alvim et al. (org.). **Reforma do Poder Judiciário**: primeiras Reflexões sobre a Emenda Constitucional n. 45/2004. São Paulo: Revista dos Tribunais, 2005.

GUIMARÃES, Márcio Souza. **Ministério Público, ombudsman e ouvidor na fiscalização dos serviços públicos**. In: SOUTO, Marcos Juruena Villela; MARSHALL, Carla C. (Coord.). **Direito Empresarial Público**. Rio de Janeiro: Lumen Juris, 2002. p. 785.

_____. **Le Rôle Du Ministère Public dans les Procédures Collectives (approche de droit compare français et brésilien)**. Lille (França): ANTR, 2013.

HART, Herbert LA. **O conceito de Direito**. 4. ed. Fundação Lisboa: Calouste Gulbenkian, 2005.

HESSE, Konrad. **Elementos de Direito Constitucional da República Federativa da Alemanha**. 20 ed. Porto Alegre: Sérgio Fabris, 1998.

HOFMEISTER, Wilhelm; CARNEIRO, José Mário Brasiliense. **Federalismo na Alemanha e no Brasil**. Konrad Adenauer Stiftung (Série Debates n.22).

LENZA, Pedro. **Direito Constitucional esquematizado**. 13. ed. São Paulo: Saraiva, 2013.

MAZZILLI, Hugo Nigro. **Regime jurídico do Ministério Público**. 6. ed. São Paulo: Saraiva, 2007.

MELLO, Celso Antonio Bandeira de. **Curso de Direito Administrativo**. 28. ed. São Paulo: Malheiros Editores, 2011.

MENDES, Gilmar Ferreira; COELHO, Inocêncio Mártires; BRANCO, Paulo Gustavo Gonet. **Curso de Direito Constitucional**. 4. ed. São Paulo: Saraiva, 2009.

MITRE, Décio de Carvalho. Justiça Militar na Constituição. In: MITRE, Décio de Carvalho. **Estudos de Direito Constitucional**. Belo Horizonte: Del Rey, 2009.

MORAES, Alexandre de. Jurisdição Constitucional: breves notas comparativas sobre a estrutura do Supremo Tribunal Federal e a Corte Suprema Norte-Americana. In: MORAES, Alexandre de. **Temas de Direito Público**: constitucional e Administrativo. 2. ed. Rio de Janeiro: Civilização Brasileira, 1991.

_____. **Direito Constitucional**. 24. ed. São Paulo: Atlas, 2009.

MORAES, Guilherme Peña de. **Curso de Direito Constitucional**. 3. ed. São Paulo: Atlas, 2010.

RODRIGUES, Lêda Boechat. História do Supremo Tribunal Federal: defesa das liberdades civis. In: MORAES, Alexandre de. **Temas de Direito Público**: Constitucional e Administrativo. 2. ed. Rio de Janeiro: Civilização Brasileira, 1991.

SARMENTO, Daniel; SOUZA NETO NETO, Cláudio Rezende de. **Direito Constitucional**: teoria, história e métodos de trabalho. Belo Horizonte: Forum, 2013.

SILVA, José Afonso da. **Curso de Direito Constitucional Positivo**. 25. ed. São Paulo: Malheiros, 2005.

SOARES, Guido Fernando Silva. **Common Law**: introdução ao Direito dos EUA. 2. ed.São Paulo: Revista dos Tribunais, 2000.

STUMPF, Juliano da Costa. **Coleção Administração Judiciária**. v.2. Porto Alegre: Tribunal de Justiça do Estado do Rio Grande do Sul, 2009. v.2.

TAVARES, André Ramos; LENZA, Pedro; DE JESÚS LORA ALARCÓN, Pietro (Org.). **Reforma do Judiciário**: analisada e comentada. São Paulo: Método, 2005.

VASCONCELOS, Edson Aguiar de. **Direito Administrativo Brasileiro**. Rio de Janeiro: Editora Forense, 2000.

_____. **Direito Administrativo Constitucional**. São Paulo: GZ Editora, 2000.

Artigos

BRASÍLIA. Conselho Nacional de Justiça. **Justiça em Números**, 2010. Disponível em: <www.cnj.jus.br>. Acesso em: 6 ago. 2011.

DUFF, James C. (Director). Judicial Business of the United States Courts. **Annual Report of the Director**, 2010. Disponível em: <http://www.uscourts.gov/Statistics.aspx>. Acesso em: 3 nov. 2011.

GOMES, Orlando. A evolução do Direito Privado e o atraso da técnica jurídica. **Periódico**, v. 22, n. 1, p.29-53, jan./jun. 2005.

HÄBERLE, Peter. Discurso proferido por ocasião dos 60 anos da Lei Fundamental de Bonn, 05, 2009, Embaixada da República Federal da Alemanha.

Dissertações

GUERRA, Sérgio. **Organização Administrativa Brasileira**: quadro atual e propostas acerca da estruturação de entidades vocacionadas ao desenvolvimento de políticas de Estado, não subordinadas ao poder público central. Programa de Pós-Doutorado em Administração. Escola Brasileira de Administração Pública e de Empresas – Ebape. Fundação Getulio Vargas, Rio de Janeiro, 2012.

Sites

STF: www.stf.jus.br
CNJ: www.cnj.jus.br
CNMP: www.cnmp.mp.br
STJ: www.stj.jus.br
TRF: www.trf1.jus.br; www.trf2.jus.br; www.trf3.jus.br; www.trf4.jus.br; www.trf5.jus.br
TST: www.tst.gov.br
TRTs: www.trt1.jus.br
TSE: www.tse.gov.br
TRE/RJ: www.tre-rj.gov.br
TJ/RJ: www.tjrj.jus.br
MPU: www.mpu.gov.br
MPF: www.pgr.mpf.gov.br
MPT: www.mpt.gov.br
MPM: www.mpm.gov.br
Defensoria: www.rj.gov.br/web/dpge; www.dpu.gov.br
Bundesverfassunsgericht: www.bundesverfassungsgericht.de
Wikipedia: www.wikipedia.com
http://www.courts.state.ny.us/courts/structure.shtml acesso em 03/08/2011

GLOSSÁRIO

Assembleia Nacional Constituinte. É um órgão colegiado e temporário, que tem como principal função redigir uma nova Constituição. Na Assembleia Nacional Constituinte se exerce o poder constituinte originário, capaz de criar uma nova ordem jurídica. Dessa forma, esse é o único momento na vida de um Estado em que essa função constituinte originária é utilizada, pois uma nova Assembleia Constituinte cria um novo ordenamento jurídico, que se materializa com uma nova Constituição.

Cláusula pétrea. São matérias previstas na Constituição que não podem ser objeto de Emenda Constitucional. Isso significa que mesmo o poder constituinte derivado, que é o poder de revisar a Constituição, não pode excluir as chamadas cláusulas pétreas. São cláusulas imutáveis. São elas, de forma simplificada, a Federação, as eleições, a separação de poderes e os direitos e garantias individuais.

Comarca. É a subdivisão territorial da Justiça Estadual, constituída por um ou mais municípios. A comarca determina um limite territorial sobre o qual o juiz tem o poder de julgar. Tem o nome da sede; por exemplo, a comarca de Niterói ou a comarca de Nova Iguaçu.

Habeas corpus. Uma das chamadas ações constitucionais (ou remédio constitucional), é um instrumento judicial que pode ser usado para garantir o direito de ir, vir e permanecer, quando este é violado por alguma autoridade pública. Em outras palavras, quando alguém é preso, detido, mantido em cárcere privado por autoridade pública ou particular no exercício de funções públicas, pode entrar com o *habeas corpus* na Justiça.

Habeas data. O *habeas data* é uma ação constitucional, utilizado para garantir o acesso do indivíduo às suas informações pessoais, contidas em bancos de dados públicos ou governamentais, ou para retificá-las. É uma medida judicial: caso alguém não consiga tomar essas providências pela via administrativa, diretamente junto ao órgão, pode entrar com o *habeas data* na Justiça.

Jurisdição. Poder que o juiz tem de julgar, de aplicar o Direito ao caso concreto. Pode significar também o limite territorial em que o juiz pode atuar, sobre o qual tem competência.

Mandado de injunção. O mandado de injunção é uma ação constitucional que pode ser utilizada quando uma norma prevista na Constituição ainda não foi regulamentada por uma lei. Por exemplo, a Constituição Federal prevê que os servidores públicos têm direito à greve, mas ainda não há uma lei que regulamente o exercício desse direito. É cabível, nesse caso, um mandado de injunção.

Mandado de segurança. O mandado de segurança é uma ação constitucional residual, utilizado em todos os casos em que não caiba *habeas corpus* ou *habeas data*. Protege um direito que é evidente, plenamente comprovável, quando este sofre lesão ou ameaça.

Emenda à Constituição: É a norma que altera alguns pontos da Constituição, substituindo, adicionando ou excluindo conteúdo. Geralmente passa por requisitos mais rígidos para ser aprovada que uma lei comum, pois altera a Lei Máxima do país.

Lei Complementar. É uma lei especial, que será utilizada quando a Constituição expressamente exigir – toda vez que determinar expressamente que "esta matéria será regulada por lei complementar. Difere da lei ordinária por exigir um quórum maior para sua aprovação: maioria absoluta, enquanto a lei ordinária exige somente maioria simples. Porém, depois de aprovada uma lei complementar, esta não tem hierarquia em relação a uma lei ordinária.

Lei Ordinária. É a lei comum, a norma escrita no Direito brasileiro. Por exceção, toda vez que a Constituição não determinar que uma lei deva ser complementar, ela será ordinária. Como qualquer lei, contém regras gerais – que se destinam a um grupo de pessoas, e não a um indivíduo – e abstratas – relativas a um número indeterminado de ações, e não a uma ação específica.

Código. Um código é uma lei como outra qualquer, com a peculiaridade de trazer a disciplina fundamental do ramo do direito de que trata. Exemplos de códigos atuais são o Código Civil, o Código de Processo Penal, o Código Florestal, entre outros. Contudo, o código não esgota toda a sua matéria. O código pode ser complementado por leis acessórias, chamadas de "leis extravagantes", como se extravazassem o código.

Lei delegada. É uma lei elaborada pelo presidente da República. O presidente solicita essa delegação ao Congresso Nacional e produz a lei, que será analisada normalmente pelo Poder Legislativo. Depois de aprovada, essa lei entra para o ordenamento jurídico como uma lei ordinária.

Constituição Estadual. É a Lei Máxima de cada um dos estados da Federação. Deve respeitar tudo que a Constituição Federal prevê, não podendo contrariá-la. As leis estaduais e as municipais devem respeitar a Constituição Federal, em primeiro lugar, e também a Constituição do respectivo estado. O tribunal responsável por exercer o controle da constitucionalidade das leis estaduais e municipais ante a Constituição Estadual é o Tribunal de Justiça.

Lei Orgânica. É a Lei Máxima dos municípios brasileiros. Deve respeitar também a Constituição do respectivo estado e a Constituição Federal. Pode haver também a lei orgânica da magistratura ou do Ministério Público.

Decreto Legislativo. Espécie de norma produzida para assuntos de competência exclusiva do Poder Legislativo, mas com efeitos externos. O órgão que cria decretos legislativos é o Congresso Nacional. São utilizados, por exemplo, para a ratificação de tratados internacionais celebrados pelo presidente da República.

Resolução. Utilizada para questões de interesse interno do Congresso Nacional. Pode ser produzida pela Câmara dos Deputados ou pelo Senado Federal, em conjunto ou separadamente. A elaboração dos regimentos internos das Casas Legislativas ou do Congresso, por exemplo, é feito através de resolução.

Decreto. Ato administrativo da competência exclusiva do chefe do Executivo, destinado a regulamentar situações já previstas em uma lei. Podem ser decretos regulamentares, que esmiúçam o conteúdo das leis, esclarecendo como será realizada a sua execução, ou decretos autônomos, apenas nas matérias previstas na Constituição Federal e que têm força de lei.

Portaria. É o instrumento pelo qual ministros ou outras autoridades expedem instruções sobre a organização e funcionamento de serviço e praticam outros atos de sua competência. As portarias são atos administrativos normativos. Estão hierarquicamente abaixo das leis, e, portanto, devem sempre respeitá-las.

Instrução Normativa. A instrução normativa é também um ato administrativo normativo, porém abaixo das portarias, complementando ou detalhando seu conteúdo. Obviamente, também devem respeito às leis, não podendo criar situações para além do que estas permitem.

Glossário Justiça Estadual

Câmara. Um dos órgãos julgadores do Tribunal de Justiça de cada estado, as câmaras são compostas por grupos de juízes de segundo grau – os chamados desembargadores. As câmaras recebem os recursos originados da primeira instância, e podem ser classificadas de acordo com sua especialidade – câmaras cíveis, penais, de direito público, privado etc. – de acordo com a organização judiciária de cada estado.

Cartório. Os cartórios judiciais estão ligados diretamente ao Poder Judiciário; são as Secretarias do Juízo, que podem ser Cíveis, Criminais, Juizados Especiais, Família, Sucessão, Fazenda Pública etc. Os escrivães e demais funcionários são concursados e seus pagamentos são realizados pelo estado. Já os cartórios extrajudiciais não integram o Judiciário, só sendo fiscalizados por ele. São os cartórios de Registro Civil, Tabelionatos de Protestos, Ofícios e Notas, Registro Imobiliário etc. O titulares do cartório, denominados Tabeliães e Notários, recebem parte do valor (emolumentos) que os cidadãos pagam pelo serviço prestado, e os demais funcionários são contratados e pagos pelo titular do cartório, e não pelo estado.

Circunscrição. É mais uma das subdivisões territoriais do estado, para melhor administração da Justiça Estadual. No estado do Rio de Janeiro, por exemplo, existem circunscrições judiciárias divididas para fins de registro civil.

Comarca. É o limite territorial, a área de atuação dos juízes de primeiro grau da Justiça Estadual. Em outras palavras, cada juiz estadual é responsável por determinada região, chamada de comarca. No estado do Rio de Janeiro, por exemplo, existem as Comarcas da Capital, de Niterói, Nova Friburgo, Itaperuna e muitas outras.

SUMÁRIO EXPLICATIVO

PARTE I – AS INSTITUIÇÕES E MEMBROS DA JUSTIÇA 25

Apresentação de cada uma das instituições que compõem a estrutura da Justiça brasileira, que é integrada por membros que possuem vários títulos, a exemplo de juízes, desembargadores, promotores, procuradores, defensores públicos, advogados públicos e advogados privados.

A Justiça é acionada quando há descumprimento da lei e tem a função de corrigir desvios decorrentes disso. A engrenagem deste procedimento é identificada por três pilares: o autor, que alega o descumprimento da lei; o réu, que sustenta ter agido em conformidade com a lei e o juiz, que decidirá quem tem razão, devendo corrigir o desvio de comportamento, caso o autor seja o vencedor da causa.

O presente trabalho se desenvolve a partir desse tríplice pilar, demonstrando quem é quem e o que cada um faz.

CAPÍTULO I – AS INSTITUIÇÕES DA JUSTIÇA 29

I.1. O PODER JUDICIÁRIO 29
A magistratura é exercida pelo Poder Judiciário, composto de juízes e desembargadores (magistrados), cuja missão é julgar as chamadas "causas" que podem opor cidadãos ou envolver o Poder Público, aplicando a Constituição Federal e a lei ao caso concreto. O juiz é quem diz como a lei será aplicada, interpretando-a de acordo com o sistema jurídico e com os fins sociais para promover a Justiça.
(Os membros do Poder Judiciário são identificados no item II.1)

I.2. O MINISTÉRIO PÚBLICO   36
O Ministério Público é uma instituição permanente e fundamental da Justiça. É composto por seus membros, denominados promotores e procuradores de justiça, dentre outras nomenclaturas. Tem por missão a defesa dos interesses da sociedade, como a proteção do meio ambiente, do consumidor, do patrimônio histórico e artístico, das minorias étnicas e sociais e outras elencadas na Constituição Federal. Para tanto, o Ministério Público se vale de instrumentos como o inquérito civil, a ação civil pública e tem o direito de processar, com exclusividade, o indivíduo na prática dos crimes de ação penal pública. Características importantes do Ministério Público são a imparcialidade e a independência, sendo também chamado de advogado da sociedade em razão da defesa dos interesses da coletividade.
(Sobre a estrutura e os membros que integram o Ministério Público, conferir o tópico III. 8. Sobre as matérias atribuídas aos promotores, procuradores da República e demais membros do Ministério Público, conferir o tópico IV.7)

I.3. A DEFENSORIA PÚBLICA   44
Ao lado da magistratura e do Ministério Público, a Defensoria Pública também se apresenta como uma instituição fundamental para promoção da Justiça. Tem por função a orientação jurídica e defesa dos assistidos, que não possuem dinheiro para contratar um advogado particular e pagar as despesas judiciais. A Defensoria Pública é uma instituição que permite o acesso efetivo do cidadão à Justiça para fazer valer os seus direitos.
(As matérias atribuídas aos defensores públicos, bem como os direitos que eles defendem em prol das pessoas carentes, encontram-se explicados no tópico III.9)

I.4. A ADVOCACIA PÚBLICA   47
A advocacia pública tem por função a defesa dos interesses dos entes públicos (União, Estados, Municípios, Distrito Federal, além das autarquias e empresas públicas), que figuram no maior número de causas judiciais no país, sejam na qualidade de autor ou réu. O advogado público, também chamado de procurador, orienta juridicamente os representantes dos entes públicos e observa se a Constituição e as leis estão sendo obedecidas por tais entes.
(Para análise detida dos profissionais do Direito que se dedicam à carreira da advocacia pública, conferir o item II.4)

I.5. A ADVOCACIA PRIVADA   52
A advocacia privada também se caracteriza como uma função essencial da Justiça, e está historicamente ligada ao fortalecimento da democracia e da luta pelos direitos sociais. Para exercer a advocacia, o indivíduo deve ser bacharel em Direito e ser aprovado no exame da OAB, o que o habilita a prestar consultoria jurídica e defender os interesses de seus clientes em juízo, dentre outras funções. A OAB é a entidade que representa os advogados do país e exerce funções públicas, como a possibilidade de ingressar com ações específicas perante o Supremo Tribunal Federal e dar diretrizes para o currículo das faculdades de Direito.
(Para saber mais sobre os advogados privados, consultar item II.5)

CAPÍTULO II - OS MEMBROS DA JUSTIÇA

II.1. OS MEMBROS DO PODER JUDICIÁRIO

Os membros do Poder Judiciário são chamados, genericamente, de juízes ou magistrados, sendo que o Brasil optou por adotar termos diferentes para designar os inúmeros julgadores em razão do órgão que ocupam. O Poder Judiciário é o único dos poderes em que não há eleição para composição de seus órgãos, sendo que a grande maioria dos juízes ingressa mediante concurso público e passa pelas Escolas de Magistratura, responsáveis pela capacitação profissional. Para exercer com a imparcialidade e independência a magistratura, os juízes possuem algumas garantias e vedações previstas na Constituição Federal. No Brasil, observa-se a divisão da Justiça em dois grandes segmentos em razão de critérios de julgamento de matérias estabelecidos na Constituição: a Justiça Federal e a Justiça Estadual. A Justiça Federal divide-se em Tribunais Regionais Federais, cujos membros são os desembargadores federais, e em Seções Judiciárias, formadas por juízes federais. Em contrapartida, a Justiça Estadual é formada pelo Tribunal de Justiça, composto de desembargadores e pelas inúmeras Comarcas localizadas nos estados, preenchidas por juízes estaduais.

(Para análise detalhada das matérias atribuídas aos magistrados que pertencem ao quadro da Justiça Federal, conferir o item IV. 3. Para saber sobre as matérias relacionadas à Justiça Estadual, é importante ler o ponto IV.4)

II.2. OS MEMBROS DO MINISTÉRIO PÚBLICO

Os membros do Ministério Público são os procuradores e os promotores. Em razão da divisão dos setores e suas atribuições, os integrantes do Ministério Público Federal são denominados procuradores da República, fazendo parte da estrutura do Ministério Público da União, cuja chefia é exercida pelo procurador-geral da República (PGR). No âmbito estadual, os membros do Ministério Público Estadual (MPE) são os promotores de justiça, que representam o primeiro cargo do MPE, e os procuradores de justiça, que atuam junto aos tribunais. A chefia do MPE fica a cargo do procurador-geral de justiça. O ingresso na carreira se dá exclusivamente por concurso público.

(A atuação dos membros do Ministério Público em diversos ramos do direito está descrita no item III.8)

II.3. OS MEMBROS DA DEFENSORIA PÚBLICA

A Defensoria Pública, instituição fundamental da Justiça, é dividida em Defensoria Pública da União (DPU) e Defensoria Pública dos Estados (DPE). A DPU atua junto ao STF, ao STJ, à Justiça Federal, dentre outros órgãos, sendo composta pelos defensores públicos da União, cujo ingresso na instituição ocorre mediante aprovação em concurso público. A chefia da DPU é exercida pelo defensor público geral, nomeado pelo presidente da República, após aprovação pelo Senado. A DPE é composta por defensores públicos estaduais, os quais possuem atribuições semelhantes às da DPU na defesa dos interesses e direitos dos assistidos. O defensor público geral do estado é o chefe da DPE, nomeado pelo governador entre os membros da instituição.

(Para saber mais sobre as atribuições dos defensores públicos, tópico III.8)

II. 4. OS MEMBROS DA ADVOCACIA PÚBLICA 70
Os advogados públicos são os profissionais do Direito que integram a Advocacia Geral da União, as Procuradorias e Consultorias dos estados, do Distrito Federal e dos municípios, além das autarquias e fundações públicas. São também chamados de procuradores federais (quando atuam na União), procuradores do estado e do município, e devem necessariamente estar inscritos na Ordem dos Advogados do Brasil. A forma de ingresso na carreira de advogado público se dá, em regra, por concurso público.

II. 5. OS MEMBROS DA ADVOCACIA PRIVADA 71
Os membros da advocacia privada são os advogados, que concluíram a faculdade de Direito e se submeteram ao exame da OAB, requisito essencial para exercício da profissão, assumindo a defesa dos direitos e interesses de seus clientes. Os advogados são peças-chave no desenvolvimento da democracia no Brasil.

PARTE II – OS SETORES E AS MATÉRIAS DA JUSTIÇA 73

Demonstração de como se organiza a Justiça e a divisão de competências no julgamento de determinada causa, para que, de forma eficiente e ágil, possa ser aplicada a lei ao caso concreto.

CAPÍTULO III – OS SETORES DA JUSTIÇA 77

III. 1. O SUPREMO TRIBUNAL FEDERAL 77
O Supremo Tribunal Federal (STF) é a mais alta corte do Poder Judiciário brasileiro e tem por finalidade maior defender e proteger as normas constitucionais, o que lhe confere o título de "guardião da Constituição". Composto por 11 ministros e por ser a última instância do Poder Judiciário, é o STF que dá a palavra final nos processos que tenham, necessariamente, conteúdo constitucional. Caso a matéria tratada não verse de direito constitucional, a demanda é resolvida pelo juiz, pelo Tribunal ou pelo Superior Tribunal de Justiça.
(As matérias originárias e os recursos apreciados pelo Supremo Tribunal Federal são visualizadas no item IV.1. Os membros do STF são encontrados no item II.1)

III. 2. O SUPERIOR TRIBUNAL DE JUSTIÇA 81
Conhecido como "Tribunal da Cidadania", o Superior Tribunal de Justiça (STJ) possui a função de uniformizar a aplicação e interpretação das leis federais em todo território nacional, o que dá maior segurança ao direito do cidadão, isso porque a Justiça de cada estado deve aplicar a lei federal de modo uniforme. O STJ é composto por 33 ministros, e também tem a atribuição de solucionar os eventuais conflitos entre os Tribunais Regionais Federais (no âmbito da Justiça Federal) e os Tribunais de Justiça (na Justiça Estadual).
(As matérias conferidas ao STJ, além dos recursos apreciados, estão dispostas no item IV.4. Para análise dos membros do STJ, conferir o item II.1)

III. 3. A JUSTIÇA FEDERAL 83
A Justiça Federal tem a atribuição de julgar todas as chamadas "causas federais", em que a União, suas autarquias e empresas públicas federais estejam diretamente envolvidas. A Justiça Federal também julga as causas internacionais, a exemplo dos crimes de tráfico internacional de drogas. A Justiça Federal é composta por juízes ou varas federais e por Tribunais Regionais Federais (TRFs), divididos em cinco regiões de atuação em todo território nacional, que não refletem a divisão geográfica realizada pelo IBGE. Os TRFs possuem autonomia administrativa e financeira, com número próprio de desembargadores federais para atender às demandas judiciais.
(Para análise dos membros da magistratura que integram a Justiça Federal, conferir o item II.1. As matérias atribuídas à Justiça Federal estão dispostas no item IV.3)

III. 4. A JUSTIÇA ESTADUAL 87
A Justiça Estadual é, de todas, a que mais se aproxima das demandas frequentes da população. De acordo com a Constituição Federal, a Justiça Estadual julga as causas que não forem matéria das demais Justiças; é a chamada "competência residual". A Justiça Estadual é composta por juízes estaduais e por Tribunais de Justiça (TJs). Existe um Tribunal de Justiça em cada estado da Federação, além do Tribunal de Justiça do Distrito Federal e Territórios, os quais possuem autonomia para organizar a justiça em comarcas no interior dos Estados.
(Os membros que compõem a Justiça Estadual estão no item II.1. Para análise das atribuições dos magistrados que a integram, checar o item IV.4)

III. 5. A JUSTIÇA DO TRABALHO 92
Dentre as Justiças Especializadas que integram o Poder Judiciário no Brasil, a Justiça do Trabalho é a mais significativa e demandada. As chamadas "causas ou ações trabalhistas" são julgadas pela Justiça do Trabalho, que aprecia os problemas referentes às relações de trabalho, bem como as demandas suscitadas pelos sindicatos. A Justiça do Trabalho é estruturada pelos seguintes órgãos: Tribunal Superior do Trabalho (TST), Tribunais Regionais do Trabalho (TRTs) e Varas do Trabalho.
(Para conferir as matérias de atribuição da Justiça do Trabalho, verificar o tópico IV.5)

III. 6. A JUSTIÇA ELEITORAL 98
Criada na década de 1930 para moralizar o processo de escolha dos políticos, a Justiça Eleitoral tem amplas atribuições, que vão desde o cadastramento do indivíduo como eleitor, passando pela análise dos partidos políticos e coligações até a diplomação dos candidatos eleitos. A Justiça Eleitoral é composta pelo Tribunal Superior Eleitoral (TSE), pelos Tribunais Regionais Eleitorais (TREs), por Zonas Eleitorais e Juntas Eleitorais. Não há um concurso específico para juízes eleitorais, que são escolhidos dentre os juízes que integram o Tribunal de Justiça de cada estado para exercer, de maneira temporária, a função. O TRE será composto de dois desembargadores estaduais, dois juízes de direito (estaduais), um desembargador federal e dois advogados, nomeados pelo presidente da República.
(As matérias atribuídas à Justiça Eleitoral são explicadas no tópico IV.6)

III. 7. A JUSTIÇA MILITAR   102

A Justiça Militar tem a particularidade de julgar somente os crimes militares praticados por membros das Forças Armadas (Exército, Aeronáutica e Marinha). Os crimes militares praticados pelos militares dos estados (policiais e bombeiros militares) são julgados pela própria Justiça Militar Estadual. Os crimes militares são definidos, especificamente, no Código Penal Militar, e a condição de militar deve estar presente à época da ocorrência do crime. Apesar de a pena de morte ser proibida, como regra, no Brasil o militar pode ser condenado à morte caso pratique o crime de traição. A Justiça Militar da União é composta pelo Superior Tribunal Militar (STM) e pelas Auditorias Militares. A Justiça militar estadual é composta pela auditoria de Justiça Militar, possuindo como integrantes os oficiais do último posto das Corporações Militares (coronéis), advogados e juízes estaduais ("juiz auditor"), conforme legislação pertinente de cada estado, podendo ser criado ainda um Tribunal de Justiça Militar (o que existe apenas em São Paulo, Minas Gerais e Rio Grande do Sul).

III. 8. O MINISTÉRIO PÚBLICO   106

O Ministério Público, instituição essencial à Justiça, ganhou relevo e teve suas atribuições ampliadas com a Constituição de 1988. Seus membros ingressam na carreira mediante concurso público, exigindo-se três anos de experiência profissional prévia. Como a magistratura, o Ministério Público é dividido em setores, cujas duas grandes divisões são compreendidas pelo Ministério Público da União (MPU) e os Ministérios Públicos dos Estados e do Distrito Federal. Por sua vez, o MPU subdivide-se em Ministério Público Federal (MPF), Ministério Público do Trabalho (MPT), Ministério Público Militar (MPM) e Ministério Público Eleitoral. Cumpre lembrar que o Ministério Público dos Estados não integra a estrutura do MPU, pois cada estado da Federação possui um Ministério Público autônomo para executar as atividades estabelecidas na Constituição Federal.
(A estrutura do Ministério Público está explicitada no item I.2. Já os membros que integram os diferentes ramos do MP, encontram-se no item II.2)

III. 9. A DEFENSORIA PÚBLICA   114

A Defensoria Pública é uma instituição essencial à Justiça, com a função de advogar para as pessoas sem recursos financeiros (são os chamados assistidos), permitindo sua inclusão na sociedade e o reconhecimento dos direitos dos cidadãos, concretizando o preceito constitucional de que todos têm direito à defesa em um processo. Da mesma forma, todo cidadão tem o direito de acessar a Justiça, processando quem violar a lei. A Defensoria Pública atua em diversas áreas, tanto na esfera coletiva quanto na individual, pois se vale de instrumentos como as ações civis públicas em prol da defesa, por exemplo, dos direitos humanos e de portadores de necessidades especiais. Em linhas gerais, a Defensoria Pública divide-se em dois segmentos: a Defensoria Pública da União e a Defensoria Pública dos Estados.
(A estrutura da Defensoria Pública e os membros que a integram encontram-se, respectivamente, nos itens I.3 e II.3)

CAPÍTULO IV – AS MATÉRIAS DA JUSTIÇA

IV. 1. O SUPREMO TRIBUNAL FEDERAL

O Supremo Tribunal Federal tem por função zelar pelo cumprimento da Constituição Federal. Por isso, o STF analisa se as leis elaboradas respeitam o conteúdo da Constituição. Ao assim agir, o STF julga casos com grande repercussão jurídica, econômica e social que têm ampla repercussão em nossa sociedade, sendo que pode editar alguns enunciados jurídicos que tenham o efeito de vincular os demais órgãos do Judiciário.

Determinadas matérias jurídicas podem ter seu julgamento iniciado e encerrado no próprio STF, não cabendo recurso a nenhum outro Tribunal. É a chamada "competência originária", como exemplo de ações de controle de constitucionalidade e o julgamento de certas autoridades públicas, como o presidente da República, ministros de Estados, entre outras, em razão de seus cargos. O STF também julga os recursos que lhe são submetidos, quais sejam o Recurso Ordinário e o Recurso Extraordinário, estes oriundos de julgamentos em Tribunais de Justiça, Tribunais Regionais Federais e Tribunal Regional do Trabalho.

(Os membros que integram o STF são apresentados no item II.1. Para análise de sua estrutura institucional, conferir o item III.1)

IV. 2. O SUPERIOR TRIBUNAL DE JUSTIÇA

O STJ tem por objetivo principal promover a uniformização da aplicação das leis federais em todos os tribunais do Brasil e no território nacional. Para melhor cumprir sua missão, o STJ é dividido em seções que tratam de áreas diferentes do Direito, ao passo que cada sessão é formada por duas turmas, contando cada uma com cinco ministros. O STJ tem a chamada competência originária e a recursal. A competência originária diz respeito às causas que se iniciam no STJ, como o julgamento de certas autoridades públicas (desembargadores, governadores, entre outros); as ações internacionais e as sentenças são proferidas por tribunais estrangeiros. Caberá também ao STJ o julgamento de eventuais conflitos que surgem quando mais de um juiz se considera capaz de julgar uma ação entre Tribunais distintos, como o Tribunal de Justiça e o Tribunal Regional do Trabalho. Os recursos que são endereçados ao STJ são o Recurso Ordinário e o Recurso Especial, estes oriundos de julgamentos em Tribunais de Justiça e Tribunais Regionais Federais.

(Os ministros que compõem o STJ são apresentados no item II.1. Sobre a estrutura do STJ, checar o item III.2)

IV. 3. A JUSTIÇA FEDERAL

A Justiça Federal tem a função de julgar causas que afetam diretamente os interesses da União, de suas autarquias e empresas públicas federais. Elencam-se a seguir algumas atribuições de julgamento da Justiça Federal: crimes políticos e infrações praticadas em detrimento da União, causas relativas a direitos humanos, crimes contra a ordem financeira, crimes cometidos a bordo de navios e aeronaves, entre outras atribuições previstas, expressamente, na Constituição Federal.

(Os magistrados que fazem parte da Justiça Federal são explicitados no item II.1. A estrutura da instituição encontra-se no item III.3)

IV. 4. A JUSTIÇA ESTADUAL   132
A Justiça Estadual julga causas que são mais próximas à realidade da população, sendo que a atribuição do julgamento dessas matérias é residual – a Justiça Estadual julga todas as questões não afetas à Justiça Federal e às Justiças Especializadas. Inúmeros são os exemplos que podem ser dados, como julgamento de acidentes de carro, violência doméstica, falta de pagamento de aluguel, cartões de crédito "clonados", violação aos direitos do consumidor em geral e outros. Para o julgamento dessa infinidade de casos, a Justiça Estadual divide-se, em linhas gerais, em Tribunais de Justiça, juízes e Juizados Especiais.
(Os membros que compõem a Justiça Estadual são encontrados no item II.1. Sobre a estrutura da instituição, checar o item III.4)

IV. 5. A JUSTIÇA DO TRABALHO   137
A Justiça do Trabalho julga as denominadas causas trabalhistas. Desse modo, as atribuições da Justiça do Trabalho abrangem todas as relações de trabalho entre um indivíduo (empregado) e outro indivíduo ou instituição (empregador). A Justiça do Trabalho não julga os casos que envolvem servidores públicos (que possuem vínculo estatutário). É importante ressaltar que a Justiça do Trabalho também decide sobre direito de greve, sindicatos, causas de dano material ou moral decorrentes da relação de trabalho.
(Sobre a estrutura da Justiça do Trabalho, acompanhar o item III.5)

IV. 6. A JUSTIÇA ELEITORAL   139
A Justiça Eleitoral é o ramo especializado do Poder Judiciário com atuação em três esferas: jurisdicional, em que se destaca o julgamento das matérias eleitorais; administrativa, responsável pela organização das eleições e regulamentar, que visa à elaboração de normas para resguardar o processo eleitoral. A Justiça Eleitoral foi criada na década de 1930 para moralizar o processo eleitoral, que contava com inúmeras denúncias de fraude e manipulação das eleições em nossa recente história republicana. O órgão de cúpula da Justiça Eleitoral é o Tribunal Superior Eleitoral, com a função de realizar o registro e a cassação dos partidos políticos, bem como dos candidatos à Presidência da República, além de apreciar os recursos que lhe são direcionados. Uma peculiaridade interessante da Justiça Eleitoral diz respeito às juntas eleitorais, as quais são órgãos temporários e responsáveis pela apuração dos votos nas zonas eleitorais.
(Para melhor análise da Justiça Eleitoral, checar o item III.6)

IV. 7. O MINISTÉRIO PÚBLICO   145
O Ministério Público é uma instituição fundamental na realização da justiça. Dentre suas funções, destacam-se o direito de processar, com exclusividade, o indivíduo na prática dos crimes de ação penal pública, fiscalização da regularidade dos serviços públicos e controle da atividade policial. A atuação do MP é pautada na lei, com o objetivo de garantir os direitos do cidadão.
(Os membros que integram o MP são explicados no item II.2. Para análise da instituição, conferir o item I.2)

IV. 8. O CONSELHO NACIONAL DE JUSTIÇA | 148

O Conselho Nacional de Justiça (CNJ) foi criado em 2004, por meio da chamada Emenda Constitucional nº 45. O CNJ é o órgão de controle interno do Poder Judiciário, sendo responsável pelo controle administrativo, financeiro e disciplinar, visando o aperfeiçoamento do serviço público na prestação da Justiça. Não se trata de um órgão com atribuições para julgamento e revisão de sentenças proferidas pelos juízes. O CNJ tem por função verificar a legalidade dos atos administrativos praticados pelos Tribunais, como a correta aplicação das verbas recebidas, o horário de funcionamento, bem como desvios de conduta não só dos magistrados como dos servidores e notários e registradores. O CNJ também é responsável por criar metas nacionais ao Poder Judiciário como modo de facilitar e agilizar o acesso à Justiça. Pode-se assim dizer que o CNJ não possui atuação jurisdicional, mas administrativo-funcional.

IV. 9. O CONSELHO NACIONAL DO MINISTÉRIO PÚBLICO | 156

O Conselho Nacional do Ministério Público (CNMP) teve suas atribuições definidas em 2004, com o advento da Emenda Constitucional nº 45, e como o CNJ, tem por finalidade o controle administrativo, financeiro e disciplinar do Ministério Público. O CNMP não avalia propriamente o conteúdo das medidas adotadas pelos membros do Ministério Público. Atua em prol do cidadão coibindo abusos dos membros do Ministério Público e criando metas nacionais ao Ministério Público, de modo a facilitar e agilizar a sua atuação na realização da Justiça.

Impressão e acabamento:

Grupo SmartPrinter
Soluções em impressão